Tonye Spiff

DIE FRAU, DER EIN METEORIT AUF DEN KOPF FIEL

Tonye Spiff

DIE FRAU, DER EIN METEORIT AUF DEN KOPF FIEL

... und 55 weitere Geschichten von Menschen,
die definitiv mehr Pech hatten als du

riva

Bibliografische Information der Deutschen Nationalbibliothek
Die Deutsche Nationalbibliothek verzeichnet diese Publikation in der Deutschen Nationalbibliografie. Detaillierte bibliografische Daten sind im Internet über http://d-nb.de abrufbar.

Für Fragen und Anregungen
info@rivaverlag.de

Originalausgabe
1. Auflage 2020
© 2020 by riva Verlag, ein Imprint der Münchner Verlagsgruppe GmbH
Nymphenburger Straße 86
D-80636 München
Tel.: 089 651285-0
Fax: 089 652096

Redaktion: Ulrike Reinen
Umschlaggestaltung: Manuela Amode
Umschlagabbildung: Shutterstock.com/BlueRingMedia, passion artist, VectorPot, majivecka
Satz: Helmut Schaffer, Hofheim a. Ts.
Druck: CPI books GmbH, Leck
Printed in Germany

ISBN Print 978-3-7423-1516-8
ISBN E-Book (PDF) 978-3-7453-1185-3
ISBN E-Book (EPUB, Mobi) 978-3-7453-1186-0

Weitere Informationen zum Verlag finden Sie unter

www.rivaverlag.de

Beachten Sie auch unsere weiteren Verlage unter www.m-vg.de

Inhalt

Pech gehabt!
Ein Vorwort vor dem Vorwort

Manche Menschen haben einfach immer nur Pech – und damit dann irgendwie auch Glück, denn andere haben überhaupt nichts. Man muss es positiv sehen: Selbst wer stets mit beiden Händen voll in die Scheiße greift, geht zumindest nicht mit leeren Händen! Denn sollte es sich beim Pech wirklich nur um die Kehrseite des Glücks handeln, so war man Letzterem doch im Grunde erfreulich nahe. Oder anders ausgedrückt: Wenn sich die Götter schon einen kleinen Scherz mit einem erlauben, ist man ihnen wenigstens nicht vollkommen egal! Lieber schlechte Schlagzeilen als gar keine – beziehungsweise besser erfolgreich versagt als gar nichts zu erzählen. Und wir wissen alle: Wer im Spiel Pech hat, der hat dafür schweinemäßiges Glück in der Liebe!

Okay, Schluss mit der zwanghaften Schönrederei. Seien wir realistisch: Pech ist Pech und Glück ist Glück, niemand verliert gerne, denn wer verliert, der hat nicht gewonnen. Ende. »The Winner takes it all, the Loser's standing small!«, sagte einst schon der bekannte schwedische Philosoph ABBA. Kann man so sehen – muss man aber nicht. Viel wundervoller und beruhigender ist es doch, auch im Scheitern eine gewisse Schönheit und Poesie zu entdecken. Klar, die Welt feiert immer nur die Gewinner, so haben wir es leider gelernt, aber insgeheim liebt sie doch auch die Verlierer, denn die sind den meisten von uns ehrlich gesagt viel sympathischer und emotional wesentlich näher als die ewigen Streber, die unaufhörlich mit Pokal in der Hand und hochgestrecktem Daumen genüsslich in die Kamera grinsen. Vergessen wir nie: Es kann keinen Schnellsten geben ohne den Zweitschnellsten, keine Nummer Eins ohne die Zahlen dahinter, keinen Match-Winner ohne Match-Loser. Glück und Pech existieren gleichberechtigt Hand in Hand, wie in einer typisch dysfunktionalen Liebesbeziehung. Das eine kann nicht ohne das andere sein, und oft genug erscheint es im Nachhinein fast unmöglich, das Ende des einen vom Anfang des anderen zu unterscheiden. So wie auch hier: Hatte der junge, aufstrebende Autor Tonye Spiff auch das unverschämte Glück, mich persönlich zu kennen und um ein Vorwort bitten zu können, so hatte er auch das große Pech, dass ich zusagte. Und Sie als Leser müssen nun darunter leiden, während das Schicksal sich schmunzelnd ins Fäustchen lacht.

Wie wunderbar und wichtig ist es deshalb, dass endlich jemand die Stärke und den Mut aufbringt, wenigstens einige dieser *Unlucky Loser*, die wir viel zu lange schnöde ignoriert haben, aus dem Schatten zu ziehen und ans Licht zu holen. Denn viele der schönsten, lustigsten und berührendsten Geschichten werden nun mal mit dem Pech der Beteiligten geschrieben. Einige davon dürfen wir jetzt in diesem Buch etwas näher kennenlernen. Und vielleicht hilft uns das ja dabei, in Zukunft die persönlichen Rückschläge, Umleitungen und Schlaglöcher im Lebenslauf besser zu akzeptieren, zu umarmen oder gar als unerwartete Chance zu verstehen, das Schicksal selbst in die Hand zu nehmen und sich niemals unterkriegen zu lassen.

Pech zu haben ist keine Schande, im Gegenteil – und wenn man es nur amtlich genug vergeigt, kann man vielleicht sogar im nächsten Band erscheinen. Ich drücke die Daumen!

Oliver Kalkofe

Vorwort

Ich beginne mit einem Geständnis: Ja, ich gewinne gern. Ja, ich habe auch nichts dagegen, Glück zu haben. Das gilt für Casinobesuche, Karriere, Fußballspiele und natürlich auch für die Suche nach der großen Liebe. Überall möchte ich Glück haben.

Doch Geschichten über Gewinner und Glückspilze finde ich langweilig. Schon als Kind habe ich den ewigen Unglücksraben Donald Duck deutlich mehr gemocht als seinen Freund Micky Maus oder seinen Kontrahenten, Dauerglückspilz Gustav Gans. Spannender sind doch Menschen, die großes Pech haben und damit in ihrem weiteren Leben irgendwie klarkommen müssen.

Ein »Pechvogel« ist laut Definition jemand, dem eine unglückliche Fügung passiert. Dieses Buch handelt gleich von 56 – eigentlich sogar noch deutlich mehr – Menschen, die alle ganz knapp an etwas Großem dran waren. Am großen Geld, an Ruhm, Ehre und Berühmtheit. Oder zumindest dicht vor einem geruhsamen Leben standen. Doch das Schicksal hatte etwas anderes mit ihnen vor. Ihre Pläne wurden durchkreuzt. Manchmal durch eigenes Missgeschick, meist durch Einfluss von außen. Doch so durchleben diese Unglücksraben spannende und abenteuerliche Geschichten. Geschichten zum Staunen, Lachen, Schmunzeln – und gelegentlich auch zum Weinen. Wahre Geschichten, die das Leben geschrieben hat.

Alles wurde sorgsam recherchiert. Bei unklarer Faktenlage habe ich auf manch gute Geschichte verzichtet. So ist für mich der als »größter Pechvogel aller Zeiten« bezeichnete Kroate Frane Selak eher ein ausgezeichneter Geschichtenerzähler als ein außergewöhnlicher Unglücksrabe.

Was überrascht: Nahezu alle in diesem Buch aufgeführten Menschen haderten nicht lange mit ihrem Schicksal. Sie blieben Optimisten trotz des großen Pechs, das ihnen widerfahren ist.

Tonye André Spiff

Der Angeber, der eine Oscarpanne verursacht

Brian Cullinan halten viele für einen Angeber. Doch das stört den US-Amerikaner nicht. Er findet sein Leben toll. Und er hat wohl allen Grund dazu. Der Wirtschaftsprüfer aus Kalifornien ist wohlhabend, hat einen Spitzenjob und ein aufregendes Leben. Und das zeigt er bereitwillig jedem. Am ersten Weihnachtstag gibt es einen traumhaften Sonnenaufgang am Strand vor seinem Haus im Nobelort Malibu. Kurz darauf schickt er über Twitter eine Kurznachricht mit Foto an Freunde und Bekannte. Brian hat beste Plätze beim Konzert der Los Angeles Philharmonic. Auch das ist eine Nachricht bei Twitter. Elton John spielt exklusiv für ihn und seine Kollegen beim Wirtschaftsprüfer PricewaterhouseCoopers, und natürlich gibt es wieder ein Foto auf Brians Twitter-Account. Dazu postet er zahlreiche Selfies mit Superstars wie Comedian Chris Rock, TV-Moderatorin Oprah Winfrey, Oscargewinnerin Sofia Vergara und seinem Freund Matt Damon. Keine Frage, Brian Cullinan ist erfolgreich und beliebt. Das muss die Welt natürlich wissen. Und so schickt er unablässig Fotos und Statusmeldungen über den Nachrichtendienst Twitter. Bis zum 26. Februar 2017.

Dieser Tag verändert sein Leben. Seit jenem Sonntag gibt es keine Twitter-Nachrichten mehr von dem 57-jährigen US-

Amerikaner. Das ist aber auch nicht notwendig. Denn über Brian Cullinan kann man in jeder Zeitung der Welt, auf jedem Internetportal auf diesem Planeten jetzt etwas lesen. Und das ist nicht gerade schmeichelhaft. »Depp« (*Bild*) ist noch die nettere Version. Denn der bislang so erfolgreiche Brian hat durch seine Schwäche für Twitter-Fotos für die größte Panne bei der bekanntesten Preisverleihung der Welt gesorgt.

Brian Cullinan ist nämlich nicht nur seit 32 Jahren bei PricewaterhouseCoopers, abgekürzt PwC, als Wirtschaftsprüfer tätig. Er ist im Auftrag seines Arbeitgebers auch seit vier Jahren der wichtigste Kofferträger der Welt. Er ist der Mann, der die Gewinnerumschläge bei den Oscars betreut. Eine große Verantwortung und eine große Ehre. Brian wird jedes Jahr vor der Oscarverleihung in Talkshows eingeladen und darf TV-Stationen weltweit Interviews über seine wichtige Aufgabe geben. Er kommt Filmstars so nah wie keiner von uns Normalsterblichen. Das macht ihn selbst zu einer kleinen Berühmtheit mit fast 5000 Followern bei Twitter. Und die wollen natürlich bei Laune gehalten werden.

Die Oscarverleihung 2017 läuft bereits seit über drei Stunden. Fast alle Kategorien sind durch. Brian Cullinan und seine PwC-Kollegin Martha Ruiz stehen hinter der Bühne und sind für die Übergabe der Gewinnerumschläge zuständig. Beide haben jeweils einen identischen Stapel mit allen Kategorien bei sich. Und je nachdem, ob die Laudatoren von links oder rechts auf die Bühne gehen, bekommen sie die Umschläge mit dem Gewinnernamen von Ruiz oder Brian Cullinan. Nur noch eine Kategorie fehlt. Die wichtigste Filmpreisverleihung der Welt ist bis hierhin wieder einmal professionell und reibungslos gelaufen. Bis jetzt. Nun kommt die wichtigste Kategorie, die Wahl zum »besten Film des Jahres«. Diesen Preis überreichen die Hollywood-Veteranen Warren Beatty und Faye Dunaway. Und diese beiden kommen, wie vorgesehen, über die Seite von Brian Cullinan auf die Bühne.

Aber so verantwortungsvoll der Job von Brian Cullinan bei den Oscars ist, etwas öde ist das Ganze schon. Es gibt nur sehr wenig zu tun für ihn. Umschlag raussuchen und dem Laudator geben, fertig. Pause. Bis zur nächsten Kategorie. Und so bleibt immer wieder Zeit für ein Foto aus dem Bereich hinter der Bühne. Das soll eigentlich niemand machen. Aber offiziell geregelt ist es nicht. Und andere hinter der Bühne schießen ja auch fleißig Erinnerungsfotos. So knipst der umtriebige PwC-Prüfer die Schauspielerin und *La-La-Land*-Star Emma Stone nach dem Gewinn ihrer Trophäe als »Beste Hauptdarstellerin«. Ein exklusives Bild hinter der Bühne. Das Foto sollen natürlich auch gleich seine Twitter-Freunde sehen. Also muss er es noch schnell über sein Smartphone versenden. Brian ist somit kurz abgelenkt, als Warren Beatty den Umschlag mit dem Gewinner für den besten Film haben möchte. Bilder des US-Magazins *Variety* zeigen Brian Cullinan später genau in diesem Augenblick, wie Beatty auf ihn zukommt. Er hält sein Handy und zwei Umschläge in der Hand. Zwei Umschläge? Und das, obwohl es ja nur noch eine Kategorie gibt? Es sind die Umschläge für die Kategorie »Bester Film« und der nicht mehr benötigte zweite Umschlag für die Kategorie »Beste Schauspielerin.« Seine Kollegin Martha auf der anderen Seite der Bühne hatte ihr Exemplar den Laudatoren überreicht. Er hat vergessen, den nicht mehr benötigten Umschlag für die »Beste Schauspielerin« wegzulegen.

Es kommt, wie es kommen muss. Brian Cullinan gibt Schauspiellegende Warren Beatty das falsche Kuvert. Beatty stutzt, als er den Umschlag öffnet und den Gewinner für die Kategorie »Bester Film« vorlesen will. Denn da steht »Gewinnerin Emma Stone« und darunter *La La Land*. Er überlegt. Soll er das wirklich vorlesen? Warum steht da eine Schauspielerin beim Produzentenpreis? Das Publikum im Saal wird unruhig. Da kommt ihm Co-Laudatorin Faye Dunaway zuvor und verkündet den Preisträger: *La La Land*!

Jubel beim *La-La-Land*-Team. Die Produzenten eilen freudig mit der ganzen Crew zur Gewinnerhymne auf die Bühne und erhalten die Oscartrophäen. Brian Cullinan wird hinter der Bühne kreidebleich. Er bemerkt soeben, dass er den falschen Umschlag rausgegeben hat. *La La Land* ist nicht der Gewinnerfilm. Das weiß Brian. Doch die Dankesworte der Produzenten laufen schon.

Brian Cullinan eilt mit anderen Backstagemitarbeitern mitten in den Gewinnerreden auf die Bühne. Umschläge werden hochgehalten, geöffnet und angeschaut. Chaotische Szenen spielen sich auf der meistgesehenen Preisverleihung der Welt ab. Irgendwann unterbricht *La-La-Land*-Produzent Jordan Horowitz seine Kollegen bei den Dankesworten: »Tschuldigung, aber wir haben verloren. *Moonlight* hat gewonnen.« Irritation bei Publikum und Beteiligten. Niemand kommt auf die Bühne, keine Auftrittsmusik wird gespielt. Deshalb ergänzt Horowitz: »Dies ist kein Scherz.« Immer noch Hektik auf der Bühne, Wortgefechte werden geführt, Umschläge angeschaut– und mittendrin ist der kreidebleiche Pechvogel Brian Cullinan. Er muss Warren Beatty gestehen, dass er ihm den falschen Umschlag gegeben hat.

Nur langsam trauen sich die *Moonlight*-Macher auf die Bühne. Dazu gibt es sparsamen Applaus vom verwirrten Publikum. Die Trophäen müssen die Besitzer wechseln. Die Oscarverleihung ist am Tiefpunkt ihrer fast 90-jährigen Geschichte. Mittendrin versucht Moderator Jimmy Kimmel alles mit einem Scherz zu retten: »Leute, Steve Harvey ist schuld!« (Siehe Pechvogel-Story »Zwei Minuten Ruhm«.)

Und Unglücksrabe Brian Cullinan, der an seinem Fehler in der Tat nicht ganz schuldlos ist? Er ist für alle zukünftigen Oscarverleihungen ausgeschlossen. Und Handys im Backstagebereich sind nun offiziell verboten.

Die Frau, der ein Meteorit auf den Kopf fiel

Die tapferen Gallier rund um Asterix, Obelix oder Anführer Majestix hatten bekanntermaßen vor nichts und niemandem Angst. Nur eine Sorge trieb sie stets um: Dass ihnen der Himmel auf den Kopf fällt.

Genau dies ist der US-Amerikanerin Ann Hodges jedoch passiert. Zumindest annähernd, denn es war nicht ihr Kopf, der getroffen wurde. Die 31-jährige Ehefrau macht am Nachmittag des 30. November 1954 gerade ein Nickerchen auf der heimischen Couch in Oak Grove, einem Vorort von Sylacauga im Bundesstaat Alabama. Plötzlich knallt ein Gegenstand durch das Dach ihres Hauses. Ein Gesteinsbrocken von der Größe einer Grapefruit schlägt auf das Radiogerät, prallt vom Regal ab und trifft die unschuldig schlummernde Ann Hodges an der Hüfte. Als sie sich von dem Schrecken erholt hat, kann sie humpelnd Hilfe holen. Ein Arzt diagnostiziert beim Betrachten des großen blauen Flecks eine heftige Prellung mit Bluterguss.

Zunächst glaubt man an ein Teil eines Flugzeugs – oder an einen Angriff der Sowjetunion. Schließlich ist gerade die Hochphase des Kalten Kriegs. Und in den USA traut man den Russen fast alles zu. Es wird von den Behörden auch ein Geologe nach Sylacauga entsendet. Und schnell stellt sich heraus: Der Stein, der Ann Hodges getroffen hat, ist nicht von dieser Welt. Es ist ein Meteorit aus dem Weltall, der sie verletzt hat. Augenzeugen berichten laut *National Geographic*, dass sie kurz zuvor einen rötlichen Feuerschweif am ansonsten klaren Nachmittagshimmel über Sylacauga gesehen haben.

Ann Hodges hat Glück im Unglück: Der Meteoritenstein ist rund fünf Kilogramm schwer und verletzt sie nur leicht. Zum Vergleich: Der weltweit größte Meteorit Hoba hat ein Gewicht von 60 Tonnen. Er wurde 1920 in Namibia gefunden, wo er heute noch liegt.

Als Ehemann Eugene von der Arbeit nach Hause kommt, ist sein Haus umlagert von Schaulustigen. Die Aufmerksamkeit von Nachbarn und Medien ist groß. Und das größte Interesse gilt diesem Gesteinsbrocken aus einer anderen Welt. Somit beginnt der sehr irdische Streit um das außerirdische Stück Stein. Zunächst beschlagnahmt die Polizei den Meteoriten. Als klar ist, dass dieser nun keinen weiteren Schaden anrichten kann, melden Ann Hodges und ihre Vermieterin Birdie Guy Besitzansprüche an.

Ann Hodges habe der Stein ja schließlich getroffen und sie hat ihn quasi »gefunden«. Hausbesitzerin Birdie Guy hingegen argumentiert, der Meteorit sei ja auf ihrem Grund und Boden gelandet, also gehöre er ihr. Sie nimmt sich einen Anwalt und hat gute Chancen, den Rechtsstreit zu gewinnen. Aber die Öffentlichkeit ist auf der Seite der armen Ann, die ja Hauptopfer und eigentliche Finderin sei. Am Ende einigen beide Seiten sich dann auf einen Deal. Nach einer Zahlung von 500 Dollar an ihre Vermieterin gehört der Stein Ann Hodges und ihrem Mann.

Nun möchten die beiden das wertvolle Stück mit Gewinn weiterverkaufen, zum Beispiel an das Smithsonian-Institut in Washington. Hier wird Meteoritengestein erforscht. Doch ein weiteres Mal hat Ann Hodges Pech. Ein Nachbar in Sylacauga war schneller. Auf dem Grundstück eines Farmers war ein weiteres Stück des ehemaligen Meteoriten gelandet. Allerdings ohne jemanden zu verletzen. Und diesen Stein hat das Smithsonian gerade erworben und somit keinen weiteren Bedarf. Nach ergebnisloser Käufersuche schenkt Ann Hodges 1965 den Meteoritenstein dem Alabama Museum of Natural History.

Einen neuen Fall »Ann Hodges« kann es übrigens jederzeit geben: *Die Welt* berichtet 2009, dass amerikanische Risikostudien errechnet haben, »dass die Wahrscheinlichkeit, an den Folgen eines Meteoriteneinschlags zu sterben, etwa dreimal größer ist als das Risiko, durch einen Flugzeugabsturz ums Leben zu kommen.«

Die fehlenden 68 Dollar zum Weltruhm

Die Auftritte von Apple-Boss Steve Jobs waren ohne sie undenkbar. US-Präsident Barack Obama trägt sie, als er 2009 beim MLB-All-Star-Game den ersten Baseballwurf macht: eine Levi's-Jeans.

Das US-Magazin *Time* wählt sie im Jahr 2000 zum bedeutendsten Kleidungsstück des 20. Jahrhunderts, vor dem Minirock und dem »kleinen Schwarzen«.

Sie ist bequem, aber auch schick. Sie ist je nach Wunsch cool oder eher verschlissen. Man trägt sie zur Arbeit oder zur Hochzeit, zum Feiern oder zum Chillen. Millionen Menschen sind für die Erfindung der Jeans dankbar. Doch sie danken seit über 140 Jahren dem falschen Menschen für diese Beinkleidrevolution.

Im Januar 1871 steht Schneider Jacob Davis in seinem Geschäft in Reno, als eine Frau hereinkommt. Er weiß es noch nicht, aber diese Dame wird mit ihrem Wunsch nicht nur sein Leben für immer verändern. Sie möchte eine billige, aber robuste Hose für ihren übergewichtigen Ehemann haben. Seine Hosen platzen ständig und daher will sie keine fertigen Hosen von der Stange mehr kaufen. Sie zahlt Jacob Davis einen Vorschuss von 3 US-Dollar – und so legt der Schneider los. Eigentlich fertigt der aus Lettland eingewanderte Davis Pferdedecken und Zeltplanen. Daher verwendet er für diese Hose einen »Duck« genannten schweren, zähen Baumwollstoff, den er sonst für Decken und Planen verwendet. Damit dieser auch wirklich nicht an den Nähten aufreißt, hämmert er Nieten in den Stoff.

Die Frau ist begeistert und schnell spricht sich die neue, robuste Wunderhose in Reno und dem US-Bundesstaat Nevada herum. Allein 1871 schneidert er 200 Exemplare. Besonders die Goldgräber sind angetan von den neuen, stabilen Arbeitshosen. Da Davis nicht genügend Duck-Stoff hat, verwendet er auch Denim, ebenfalls ein robuster Baumwollstoff. Duck und Denim bezieht er vom gleichen Lieferanten, Levi Strauss.

Der wachsende Erfolg seiner Nietenhosen aus Denim könnte Nachahmer auf den Plan rufen. Daher will Jacob Davis seine Erfindung schützen lassen. Doch die Patentanmeldung kostet 68 Dollar. Und dieses Geld hat der Kleinunternehmer nicht. 1872 bittet er den aus Deutschland eingewanderten Levi Strauss um Unterstützung bei der Finanzierung des Patents. Strauss willigt ein und bezahlt den Patentantrag, die Urheberschaft wird anschließend beiden gemeinsam erteilt. Obwohl Levi Strauss mit der Erfindung der Jeans nichts zu tun hat, steht er mit seiner Company gleichberechtigt mit Jacob Davis auf dem US-Patent 139121.

Die Nachfrage nach der nun patentierten Jeans ist groß. Cowboys, Farmer, Eisenbahnarbeiter und Handwerker, alle wollen die neue Nietenhose haben. Patentmitbesitzer Levi Strauss kauft die Schneiderei von Jacob Davis auf und baut in San Francisco eine Fabrik zur Herstellung der als »Waist Overalls« bezeichneten Hosen. Produktionsleiter wird Jacob Davis.

1890 führt Strauss Bestellnummern für die Hosen ein, der Verkaufshit wird die »501« mit Kupfernieten. Binnen kurzer Zeit wird »Levi's« ein fester Begriff für Nietenhosen aus Denimstoff. Levi Strauss ist damit, anders als Jacob Davis, berühmt geworden.

Bis zu seinem Lebensende arbeitet Jacob Davis für Levi Strauss. 1908 stirbt er in San Francisco. Erst seit 2006 erinnert eine Gedenktafel in Reno an den unbekannten Erfinder der Jeanshose.

Das verhinderte Olympiagold

Vanderlei de Lima wächst in ärmlichen Verhältnissen auf. Seine Familie lebt im Hinterland der brasilianischen Kleinstadt Tapira. Dort verdienen seine Eltern ihr Geld mit Landarbeit auf den Plantagen. Der kleine Vanderlei läuft auf den staubigen Wegen kilometerweit zur Schule oder zu Freunden.

Das Laufen macht der talentierte Vanderlei später zu seinem Beruf. Er wird Marathonläufer.

Seine Karriere startet 1994. Er wird als sogenannter Tempomacher für den Marathon in Reims (Frankreich) gebucht. Als »Hase« soll er für die Stars der Laufszene vorweglaufen, für eine gute Renngeschwindigkeit sorgen – und dann aussteigen. De Lima hält bis zum Schluss durch und gewinnt.

Es folgen Siege bei den Panamerikanischen Spielen sowie bei den Stadtmarathons in Tokio 1996, São Paulo 2002 und Hamburg 2004. Aber der ganz große Erfolg soll bei den Olympischen Spielen 2004 in Athen kommen. Der mittlerweile 35-jährige de Lima ist in der Form seines Lebens. Das Höhentraining in Kolumbien war optimal. Er ist verletzungsfrei. Und er hat jetzt neben seiner guten Kondition und Sprintfähigkeit auch große taktische Erfahrung. Eine olympische Medaille ist das Ziel, wenn alles gut läuft, sogar Gold.

Und es läuft gut am 29. August 2004. Favorit und Weltrekordler Paul Tergat hat Probleme. Auch die anderen Topläufer können das Rennen nicht dominieren. So ergreift der Brasilianer seine Chance. Die Chance seines Lebens. Er geht in Führung. Er hält die Führung von Kilometer zu Kilometer. Zur Hälfte des Rennens über 42,195 Kilometer hat er schon über 40 Sekunden Vorsprung. Ja, er macht das Rennen seines Lebens. Kilometer für Kilometer tragen ihn die Füße über das Straßenpflaster von Athen. Dann, bei Kilometer 36, nur sechs Kilometer vor dem Ziel, passiert es.

Ein Zuschauer kommt aus dem Publikum auf den in Führung liegenden de Lima zugestürmt. Er nimmt ihn in den Würgegriff und zerrt ihn zur Seite. Es kommt zum Gerangel. »Ich hatte Angst, weil ich nicht wusste, was er mit mir vorhatte«, erzählte de Lima laut *Spiegel* später, »ich wusste nicht, ob er mit einem Messer oder Revolver bewaffnet war und ob er mich töten wollte.«

In Todesangst versucht sich de Lima von dem Mann loszureißen. Es gelingt ihm. Aber es vergehen fast 20 Sekunden, bis er wieder auf der Laufstrecke ist. Zuschauer und Polizei können den Angreifer mittlerweile überwältigen. Es ist ein psychisch kranker ehemaliger Priester aus Irland. Bei seinem Angriff auf de Lima ist er volltrunken.

De Lima verliert wertvolle Zeit und – fast noch schlimmer – seinen Rhythmus. Traumatisiert läuft er das Rennen zu Ende. Das Rennen, das eigentlich *sein* Rennen werden sollte. Am Ende muss er Olympiasieger Stefano Baldini aus Italien und Mebrahtom Keflezighi aus den USA vorbeiziehen lassen. Er gibt jedoch nicht auf, läuft das Rennen zu Ende und erringt noch Bronze.

»Dieser Zwischenfall hat mich die Goldmedaille gekostet«, klagt de Lima nach dem Marathonlauf. Er nimmt jedoch ohne Murren die Bronzemedaille entgegen und gratuliert dem Goldmedaillengewinner. Für seine Fairness erhält de Lima vom Internationalen Olympischen Komitee (IOC) Ende August 2004 die Pierre-de-Coubertin-Medaille.

Der Langstreckenläufer ist eine der tragischsten Figuren der olympischen Geschichte. Sein Schicksal berührt Millionen Menschen in aller Welt. Er gewinnt danach nie wieder ein Rennen. Fünf Jahre später beendet er seine Karriere. Doch an die Tragödie von Athen erinnert man sich auch noch 2016. Unglücksrabe Vanderlei de Lima, nicht Fußballstar Pelé, darf bei den Olympischen Spielen in Rio de Janeiro das olympische Feuer entzünden.

Der verpasste Millionen-Jackpot

»Zeit ist Geld!« Nie hat dieses Sprichwort so sehr gestimmt wie im Fall von Joel Ifergan. 23. Mai 2008, 20:50 Uhr. Der Buchhalter aus dem kanadischen Quebec hat Lust auf ein Eis. Er steuert den nächsten Kiosk an. Und dort verspürt er spontan Lust aufs Lottospielen. Im Jackpot sind immerhin 27 Millionen kanadische Dollar, umgerechnet 18 Millionen Euro. Die nächste Ziehung ist am gleichen Abend. Entsprechend ermahnt ihn der Ladenbesitzer zur Eile. Denn um 21:00 Uhr ist Annahmeschluss.

Ifergan beeilt sich. Er füllt zwei Lottoscheine aus, gibt beide kurz vor 21:00 Uhr ab und bezahlt. Und er hat Glück: Sein zweiter Lottoschein weist exakt die sieben gezogenen Zahlen auf. Doch was ist das? Die Quittung gilt für die Ziehung am 30. Mai, eine Woche später. Obwohl er vor 21:00 Uhr seinen Lottoschein abgegeben und bezahlt hat. Laut CBC News war Ifergan um (sage und schreibe!) sieben Sekunden zu spät dran.

Doch wenn das Lottoglück so nah ist, dann muss man auch darum kämpfen, denkt sich Ifergan. Er verklagt die Lotteriegesellschaft auf Auszahlung des halben Jackpots, also 13,5 Millionen Dollar.

Sieben lange Jahre dauert das Gerichtsverfahren, es geht bis zum Obersten Gerichtshof in Kanada. Ifergans Argument:

»Lotto-Quebec wirbt mit der Deadline von 21:00 Uhr. Daran habe ich mich gehalten. Erwiesenermaßen ist meine Anfrage für das Los um 20:59 Uhr und 47 Sekunden in ihrem System eingegangen. Veraltete Rechner und Drucker sorgen dann für die Verzögerung bei der Lottoquittung.«

Doch auch der Supreme Court, wie alle anderen Gerichte zuvor, urteilt gegen den Lottospieler. Denn Pechvogel Ifergan wohnt schlicht im falschen Bundesstaat. Nur in der Provinz Quebec ist laut Geschäftsbedingungen die ausgedruckte Lottoquittung verbindlich für die Teilnahme. In allen anderen Provinzen Kanadas reichen Kaufvorgang, Bezahlung und Registrierung im System vor 21:00 Uhr für die Anerkennung. Hier ist es völlig egal, wie lange der Losquittungsdrucker benötigt. Im Klartext: In allen anderen Provinzen und Städten Kanadas wäre der kahlköpfige Buchhalter Millionär geworden.

2015 verliert Ifergan auch den letzten Prozess vor dem Supreme Court. Er hat darüber hinaus nach eigenen Angaben auch noch 100 000 Dollar verloren. Für Anwälte und Gerichtskosten.

Doch trotz all dieser bitteren Erfahrungen: Joel Ifergan spielt immer noch Lotto. »Man weiß ja nie …«, so der Kanadier.

Der 65-Milliarden-Dollar-Irrtum

Am 1. April 1976 gründen drei Männer mit einem Startkapital von 1300 US-Dollar ein kleines Computerunternehmen. Die Geschäftsanteile werden im Verhältnis 45 Prozent, 45 Prozent und 10 Prozent aufgeteilt. Die Namen der drei Gründer: Steve Jobs, Steve Wozniak und Ronald Wayne. Der Name der Firma: Apple!

Die drei kennen sich aus dem Homebrew Computer Club. Steve Wozniak ist der kreative Tüftler, Steve Jobs Treiber und Visionär. Und Ronald Wayne ist der Mann für die Formalien und die operative Geschäftsführung. Er ist rund zwanzig Jahre älter als Wozniak und Jobs und hat bereits Erfahrung mit Firmengründungen. Also entwirft er den Gesellschaftervertrag für Apple. Der damals 42-jährige Wayne arbeitet zu dieser Zeit in der Verpackungsabteilung bei Atari – ebenso wie Jobs, er ist Berater der Videospielfirma. Sie freunden sich an und Jobs überzeugt Wayne, zusammen mit Wozniak eine Firma für Computer-Hardware zu gründen. Außerdem soll Wayne mit seiner ausgleichenden, ruhigen Art vermittelnd auf die beiden Steves bei ihren regelmäßigen Streitigkeiten einwirken.

Natürlich braucht eine neue Firma auch ein Logo. Auch das übernimmt Ronald Wayne. Es zeigt den Wissenschaftler Isaac Newton unter einem Apfelbaum, an dem genau ein Apfel hängt.

Gleich nach der Gründung nimmt Apple einen Kredit über 15 000 Dollar auf. Damit sollen Computer gebaut werden, die der Byte Shop kaufen will. 15 000 Dollar sind für die junge Firma und deren Inhaber viel Geld. Und der Einzige, der zu dieser Zeit ein wenig Geld und ein pfändbares Auto besitzt, ist Ronald Wayne. Wayne hat bereits eine Firmeninsolvenz hinter sich. Sein Unternehmen Siand war vier Jahre zuvor in Konkurs gegangen, die Schulden waren gerade abbezahlt, aber Wayne musste mit Mitte 40 aus Kostengründen noch immer bei seiner Mutter wohnen.

Würde Apple besser funktionieren als Siand? Würde der Byte Shop fristgerecht zahlen? Diese Gedanken macht sich Ronald Wayne, als er Anfang April die Gebrauchsanweisung für den Apple I schreibt. Wenn der Deal platzt, müssen die drei Gesellschafter für den Kredit haften. Bei Jobs und Wozniak ist vermutlich nicht viel zu holen. Also müsste er zahlen. Und er wäre wieder pleite.

Elf Tage nach der Gründung, am 12. April 1976, steigt Ronald Wayne bei Apple wieder aus. Er bekommt kalte Füße und verkauft seinen 10-Prozent-Anteil für 800 US-Dollar. »Ich hatte keinen Zweifel am Erfolg von Apple, aber es wäre eine Achterbahnfahrt geworden, und ich war bereits 40«, sagte er später im *Zeit*-Interview. Er hatte Zweifel an einem schnellen Apple-Erfolg.

Es kommt anders: Der Byte Shop bezahlt das junge Apple-Team, der Apple I wird ein Erfolg. Es folgen der Megahit Apple II, Lisa, Macintosh, iPod, iPhone und iPad. Apple wird das innovativste und wertvollste Unternehmen der Welt. Und

Apple macht mit stetig steigenden Aktienkursen seine Anteilseigner reich.

Bereits 1982 wäre der verkaufte Anteil von Ronald Wayne rund 1,5 Milliarden US-Dollar wert gewesen. 2017 ist Apple an den Aktienmärkten laut *Börse online* 650 Milliarden US-Dollar wert, das heißt, 10 Prozent davon entsprechen 65 Milliarden US-Dollar.

Ein Vermögen von 65 Milliarden US-Dollar! Damit wäre Ronald Wayne einer der reichsten 50 Menschen der Welt. Kein Wunder, dass Außenstehende sein freiwilliges Aus bei Apple mit Fassungslosigkeit betrachten. *Die Zeit* nennt seinen Ausstieg »einen Irrtum von historischem Ausmaß.« Die ARD-Börse sieht in Wayne »den vielleicht größten Pechvogel der IT-Geschichte«.

Steve Jobs bietet ihm später noch mehrfach einen gut dotierten Job bei Apple an, Ronald Wayne lehnt jedoch ab. Er arbeitet lieber in kleinen Elektronikfirmen, wo er mehr Einfluss hat.

Als Erfinder kommt er immerhin auf 90 Patente, keines davon bringt ihm jedoch Geld. Seine Pechsträhne in Sachen Apple hält auch später an. Er verkauft sein Original des Apple-Gründungsvertrags 1994 für ein paar Tausend Dollar an einen Händler. 2012 wird dieses Dokument für umgerechnet 1,3 Millionen Euro durch das Auktionshaus Sotheby's versteigert.

Bereut hat Ronald Wayne den Apple-Ausstieg nie. Dem *Daily Telegraph* sagt er 2011: »Ich hatte das Gefühl, dass ich zu alt war für so was. Die beiden waren wie Wirbelstürme, es war, als würde man einen Tiger am Schwanz spazieren führen. Ich wäre reich, aber ich wäre der reichste Mann auf dem Friedhof.«

Der verhinderte Weltrekordler

Rolf Oesterreich ist einer der besten Leichtathleten aller Zeiten. In den 1970er-Jahren ist er der beste Kugelstoßer der Welt. Aber die Weltöffentlichkeit sollte es nie erfahren. Und Rolf Oesterreich durfte nie eine Meisterschaft gewinnen.

Mit seinen eins achtzig ist der Lehramtsstudent Mitte der 1970er-Jahre eigentlich viel zu klein für das Kugelstoßen. Mindestens hünenhafte eins neunzig groß sind alle Topathleten. Aber Rolf Oesterreich hat diese Technik. Diese neue, seltsame Technik aus dem Westen. Der Chemnitzer Student rutscht nicht durch den Ring zum Abstoß. Nein, er dreht sich um seine eigene Achse vor dem Wurf. Drehstoßtechnik nennt sich diese Art des Wurfes. Rolf Oesterreich hat sie sich selbst anhand von Bildern aus dem Westen beigebracht. Denn in der DDR ist diese Technik beim Kugelstoßen verpönt. Außerdem gilt der 26-Jährige als »nicht linientreu«. Er darf – trotz erbrachter Qualifikationsweite – nicht zu den Olympischen Spielen 1976 in Montreal. Und die DDR-Sportfunktionäre verweigern dem hochtalentierten Athleten die Mitgliedschaft im Leistungssportclub SC Karl-Marx-Stadt. So bleibt Student Oesterreich Amateur und Freizeitsportler.

Bei den Olympischen Spielen holt die DDR durch Udo Beyer mit 21,05 Metern die Goldmedaille. Die Sportführung der DDR atmet erleichtert auf. Der lästige Fall »Oesterreich« scheint erledigt.

Dann kommt der 12. September 1976. Bezirksmeisterschaften in Zschopau. Der zweite Versuch von Rolf Oesterreich. Er erwischt einen optimalen Wurf. Die schwierige Drehstoßtechnik gelingt ihm diesmal perfekt. Hoch und weit fliegt die Kugel in den Himmel der sächsischen Kreisstadt. Dumpf schlägt sie auf dem Boden auf. Sie landet bei 22,11 Metern. Weltrekord! Jubel bricht aus bei den rund 200 Zuschauern im kleinen Bezirksstadion. Alle fünf Kampfrichter bestätigen die Weite nach Überprüfung von Kugel und Messung.

Der Freizeitsportler Rolf Oesterreich hat Weltrekord geworfen. Doch in der *Aktuellen Stunde*, der Hauptnachrichtensendung im DDR-Fernsehen, wird nichts über den neuen DDR-Helden vermeldet. Auch in den Zeitungen ist nichts über die Fabelleistung zu lesen. Obwohl Sporthelden und Weltrekorde von DDR-Athleten wunderbar ins Staatskonzept passen. Aber Rolf Oesterreich passt nicht. *Der Spiegel* schreibt 1976, der vom Sportsystem ignorierte Oesterreich sei »vom Staatsbetrieb VEB Medaillen und Rekorde nicht eingeplant«.

Ein inoffizieller Mitarbeiter der Stasi ist vor Ort in Zschopau gewesen. Und hat anschließend dafür gesorgt, dass dieser historische Wurf von Rolf Oesterreich aus allen offiziellen Ergebnislisten gelöscht wird. So wird die Weite auch nicht an den internationalen Leichtathletikverband gemeldet. Rolf Oesterreich wird der Weltrekord gestohlen!

Der 100-Kilogramm-Mann ist am Ende seiner Kräfte. Wenige Monate später fügt er sich seinem Schicksal und nimmt ein Trainerangebot an. Er beendet seine aktive »Hobbylaufbahn« als Kugelstoßer. Nach dem Ende der SED-Diktatur 1989 nimmt Oesterreich den Kampf wieder auf. Er will die Anerkennung seiner Weltrekordweite. Er benennt Zeugen und legt eidesstattliche Aussagen vor. Doch, so schildert es Oesterreich auf seiner Homepage, »die unabhängige Untersuchungskommission des damaligen DVfL der DDR, die die vielen Ungereimtheiten in meinem Fall rückhaltlos aufklären sollte … waren die Mittäter beim Unterdrücken meiner Leistungen. Der Bock wurde zum Gärtner gemacht – die Täter klären ihre eigenen Taten auf!«

Der Antrag wird abgelehnt. Auch in den Folgejahren scheitert Rolf Oesterreich im Kampf um die Anerkennung seiner historischen Bestleistung. Sein Weltrekord wird nicht offiziell anerkannt – und ist es bis heute nicht.

Der unvollendete Eroberer des Südpols

Die Zeitspanne von 1895 bis in die 1920er-Jahre gilt unter deutschsprachigen Naturwissenschaftlern als »Goldenes Zeitalter der Antarktisforschung«. Unzählige Expeditionen erkunden quasi im Wettkampf den geografischen Südpol und seine Umgebung. Im Vereinigten Königreich wird die Zeit »Heroic Age«, also »Heldenzeitalter«, genannt.

Und einer dieser Helden will Ernest Shackleton werden. »Er war weder polaren Regionen besonders zugeneigt, noch besaß er einen überragenden Forschergeist«, schreibt sein Biograf Hugh Mill über den Briten. Shackleton will nach seiner Seefahrerausbildung bei der Handelsmarine einfach nur Ruhm, Ehre und Reichtum. Und die besten Chancen dafür sieht er bei erfolgreichen Polarexpeditionen.

Also steigt er ein in den Wettlauf zum unbekannten Kontinent. An vier Antarktisexpeditionen nimmt er teil, keine davon führt zum Erfolg. Auch seine Versuche als Unternehmer scheitern. Als er 1922 stirbt, hinterlässt er Frau und Kindern einen riesigen Schuldenberg. Sein Landsmann Robert Scott ist deutlich erfolgreicher und erreicht im Gegensatz zu Shackleton tatsächlich den Südpol. Bei der BBC-Wahl zum bedeutendsten Briten aller Zeiten wählen ihre Landsleute im Jahr 2002 Scott jedoch nur auf Platz 54. Shackleton, der König des Scheiterns hingegen, kommt auf Platz elf.

Die Geschichte von Shackleton und Scott beginnt im Jahr 1902. Die Discovery–Expedition wird von Robert Scott geleitet, Shackleton ist als Dritter Offizier unter anderem für die Frachträume und Vorräte zuständig. Scott bevorzugt eine militärisch disziplinierte Führung, Shackleton pflegt einen eher kameradschaftlichen Umgang mit seinen Untergebenen. Shackleton, Scott und Wissenschaftsoffizier Wilson erzielen zunächst einen neuen Rekord. Am 30. Dezember stehen sie so weit südlich in der Antarktis wie nie zuvor ein Mensch vor ihnen. Danach allerdings kommen sie nicht weiter. Die Schlittenhunde sterben an verdorbenem Essen. Schneeblindheit, Erfrierungen und die Vitaminmangelkrankheit Skorbut zwingen die Männer zum Umkehren. Am schlimmsten betroffen sei Shackleton, erklärt Expeditionsleiter Scott. Er schickt ihn dienstunfähig nach Hause.

Shackleton fühlt sich gedemütigt, er bestreitet die Anschuldigungen. Entsprechend motiviert fährt er im Jahr 1908 als Expeditionsleiter der Nimrod-Forschungsreise zum Südpol. Das Ziel: Er will als erster Mensch am geografischen Südpol stehen. Im Januar 1909 stellt er tatsächlich zusammen mit drei Begleitern einen neuen Pol-Annäherungsrekord auf. Aber 180 Kilometer vom geografischen Südpol entfernt müssen sie aufgrund schlechten Wetters und knapper Vorräte umkehren.

1914 versucht Shackleton bei seiner dritten Polarexpedition, die Antarktis von Küste zu Küste zu durchqueren. Der einfache Grund für dieses neue Vorhaben: 30 Monate zuvor haben Amundsen und Scott bereits den Südpol erobert. Mittlerweile zum Ritter geschlagen, fällt es Sir Ernest Shackleton leicht, Geld und Besatzung für die Endurance-Expedition zusammenzubekommen. Doch schon bei der Anfahrt zum Südpol kommt es zum Unglück. Das Schiff wird von dickem Packeis eingeschlossen, eine Weiterfahrt unmöglich. Am 27. Oktober 1915 entscheidet Shackleton Schiff und Mission aufzugeben, um sich und seine Besatzung zu retten. Tatsächlich zerbricht das Schiff wenige Tage später. Zehn Monate lang campieren Shackleton und seine Crew mit ihren wenigen Vorräten auf einer Eisscholle. Nach einer abenteuerlichen Rettungsaktion überlebt die gesamte Besatzung.

Anders als nach der Nimrod-Expedition interessiert sich nach seiner Rückkehr mitten im Ersten Weltkrieg jetzt niemand für den Entdecker und seine Geschichten. Also versucht er sich als Unternehmer. Ob aber Taxiflotte, ungarische Goldminen oder bulgarischer Bergbau: Alle Unternehmungen werden Flops. Mit geliehenem Geld stellt er eine weitere Polarexpedition auf. Doch auch diese erreicht nicht ihr Ziel: Shackleton stirbt am 5. Januar 1922 bei der Anreise zur Antarktis an einem Herzinfarkt.

Im Gegensatz zum britischen Kontrahenten Scott hat Shackleton bei keiner von ihm direkt geleiteten Expedition jemals ein Crewmitglied verloren. Fast 100 Jahre nach seinem Tod ist der stets Gescheiterte in seiner Heimat Großbritannien deswegen deutlich populärer als der erfolgreichere Südpoleroberer Scott.

Der Euro-Verlierer

Er ist ein Designer, ein Künstler. Und er hat das geschafft, was vermutlich jeder Künstler sich von seinem Werk erhofft: dass die Menschen seine Kunst kennen, dass sein Werk verbreitet wird. Tatsächlich kennt und besitzt nahezu jeder Mensch in Europa das, was er geschaffen hat. Tag für Tag betrachten wir sein Werk. Doch Glück gebracht hat ihm dies bis zu seinem Tod nicht.

Arthur Eisenmenger wird 1914 während des Ersten Weltkriegs geboren und erlebt als Soldat in Deutschland auch noch den Zweiten Weltkrieg mit. Als er aus amerikanischer Kriegsgefangenschaft entlassen wird, ist für den jungen Grafiker klar, er möchte mit seiner Arbeit für eine bessere Welt arbeiten. Insbesondere für ein besseres, friedlicheres Europa. Er wird Angestellter im »Amt für offizielle Veröffentlichungen« bei der Europäischen Gemeinschaft in Luxemburg. Und er bleibt der EG, der Vorgänger in der Europäischen Union, bis zu seiner Pensionierung 1975 treu.

Was nach einem öden Beamtenjob klingt, ist ein spannendes Abenteuer. Die junge europäische Gemeinschaft wächst schnell und braucht Zeichen, Farben, Symbole und Logos für Hunderte von Einsatzbereichen. Von der Europaflagge bis zur Kennzeichnung von sicheren EG-Waren. Dazu müssen Publikationen gestaltet, neue Behörden dargestellt und jede Menge

Bildmarken geschaffen werden. Ein Paradies für den kreativen und fleißigen Schwaben.

Der engagierte Beamte Eisenmenger macht Karriere und wird Chefgrafiker der EG. Mitte der 1970er-Jahre freut sich der 60-Jährige auf seine bevorstehende Pensionierung. Er übergibt seine letzten Entwürfe an die jeweils geeigneten Stellen. Die werden vielleicht etwas damit anfangen können. Darunter ist auch dieser eine epochale Einfall: ein rundliches E mit zwei Mittelstrichen, wo sonst nur einer ist.

Fast 25 Jahre später traut er seinen Augen nicht, als er im Fernsehen einen Beitrag über die Einführung einer gemeinsamen EU-Währung sieht. Das Eurozeichen ist identisch mit seinem Entwurf von 1974. »Damals habe ich natürlich nicht an den Euro gedacht«, sagt Eisenmenger dem englischen *Observer*. Es sollte einfach ein Kurzsymbol für Europa sein, daher schickte er es den Verantwortlichen der Europäischen Kommission. Und die haben es wohl nach über zwei Jahrzehnten wieder ausgegraben, als sie ein Symbol für die neue Währung brauchen.

Doch statt Eisenmenger zu danken, erklärt EU-Kommissionschef Jacques Santer, das €-Zeichen sei von einem Team von vier Leuten entworfen worden. Die Namen der mutmaßlichen Designer werden jedoch nicht genannt. Arthur Eisenmenger schreibt daraufhin einen Protestbrief nach Brüssel, aber er bekommt nie eine Antwort.

Kein Wunder, denn die Affäre könnte peinlich für die EU werden. Denn laut *Spiegel* gibt es einen Zeugen für die Version von Arthur Eisenmenger: »Das Eurosymbol ist zweifelsohne die Kreation meines ehemaligen Kollegen. Ich bin überzeugt, dass es sich um sein Design handelt. Es war anfänglich von dem E inspiriert, mit dem er seinen Namen signierte – einem runden E, keinem eckigen. Es tut mir sehr leid, dass [seine Leistung] nicht anerkannt wird«, so der französische Illustrator Julien Bozzola. Er hat 13 Jahre lang mit Eisenmenger zusammengearbeitet.

Das €-Zeichen steht in Europa für das, was Eisenmenger neben Ruhm und Anerkennung nicht bekommen hat. Geld. Als EU-Mitarbeiter sind mit seinem Gehalt alle Designansprüche abgegolten. Als Privatperson wäre er durch die Nutzungsrechte Millionär geworden. CDU-Mitglied Eisenmenger erhält 1999 zumindest die Robert-Schuman-Medaille. Sie wird von den Europäischen Christdemokraten für besondere europäische Verdienste verliehen.

2002 stirbt der Erfinder des Eurosymbols. Arthur Eisenmenger wird nie von offizieller Seite als Urheber erwähnt.

Der »größte Idiot der Welt«

Radprofis stehen selten im Rampenlicht. Nur als Tour-de-France-Etappen- und Gesamtsieger, Olympiasieger, vielleicht noch Gewinner beim Giro d'Italia kann man Ruhm (und gutes Geld) erhaschen. Und natürlich als Weltmeister. Das ist auch der Plan des Tschechen Adam Ťoupalík.

Bei der Cross-WM der U23, also der unter 23-jährigen Fahrer, am 31. Januar 2016 will er mindestens aufs Podium, besser noch den WM-Titel holen. Und es läuft gut für den 19-Jährigen beim Rennen im belgischen Heusden-Zolder. Die meiste Zeit liegt er komfortabel vorn, baut sogar einen beachtlichen Vorsprung von fast 20 Metern zu seinen Verfolgern auf. Seine Beine schmerzen, aber das Ziel ist nicht mehr weit. Er sieht schon die Ziellinie. Ein letzter Blick nach hinten, die Kontrahenten sind noch weit weg. Das wird sein Moment. Gleich fährt er als neuer Weltmeister über die Ziellinie. Das Siegerfoto wird sicher in seiner Heimat Tschechien in jeder Zeitung zu sehen sein. Entsprechend wirft er sich in Jubelpose und reißt die Arme hoch. Er überquert den Zielstrich. Ja, geschafft. Sieg! Weltmeister!

Aber was ist das? Wo sind die Fotografen? Wo ist die Siegesfanfare? Und vor allem: Warum strampeln sich die anderen noch so ab? Im Eiltempo flitzen die Kontrahenten an ihm vorbei.

Erst jetzt wird ihm klar, was passiert. Es ist noch eine Runde zu fahren! Die Lokalmatadoren Eli Iserbyt und Quinten Hermans sowie der Italiener Bertolini haben Toupalík, der nur noch locker ausrollt, soeben überholt. Was für eine Tragik! Diese verfrühte Jubelfeier kostet ihn den sicheren Weltmeistertitel.

Doch Toupalík gibt nicht auf. In einer Mischung aus Trauer und Wut kämpft er sich mit den letzten Kraftreserven noch einmal heran und sichert sich sogar noch Platz zwei hinter Eli Iserbyt.

Aber das Siegerfoto zeigt jetzt den Belgier, nicht ihn. Aus den Titelseiten in Tschechien mit Adam Toupalík wird nichts werden. Und als er später zum Rennen und seiner verfrühten Jubelpose interviewt wird, sagt Toupalík nur einen einzigen, vermutlich nicht zutreffenden, aber einprägsamen Satz: »Ich bin der größte Idiot der Welt.«

Der betrogene Bundeskanzler

Deutschland 1972. Die Ostpolitik der SPD/FDP-Regierung spaltet das Land. Bundeskanzler Willy Brandt möchte eine Annäherung an die DDR. Und Aussöhnung mit den einstigen Kriegsgegnern Polen und Sowjetunion. Die CDU/CSU-Opposition kritisiert, so werde eine deutsche Wiedervereinigung unmöglich. Aus Protest sind bereits mehrere Bundestagsabgeordnete der Regierungskoalition zur CDU übergelaufen. Bundeskanzler Brandt hat keine Mehrheit mehr im Parlament.

Für alle ist klar, Oppositionsführer Dr. Rainer Barzel wird am 27. April 1972 neuer Bundeskanzler. CDU und CSU haben 249 sichere Stimmen, das reicht für einen Erfolg im sogenannten konstruktiven Misstrauensvotum. Nach den schlechten Erfahrungen der Weimarer Republik kann ein Bundeskanzler nur abgewählt werden, wenn gleichzeitig die Parlamentsmehrheit einen neuen Kanzler wählt. Dies soll heute zum ersten Mal geschehen. Doch Barzel wird zur tragischen Figur der deutschen Geschichte. Kurz vor dem sicheren Sieg wird er Opfer eines Verrats.

Man könnte im riesigen Plenum des Bundestags eine Stecknadel fallen hören, als Bundestagspräsident von Hassel um 13:22 Uhr das Ergebnis der Abstimmung verliest. »Ich stelle fest, dass der von der Fraktion der CDU/CSU vorgeschlagene Abgeordnete Dr. Barzel die Stimmen der Mehrheit der Mitglieder des Deutschen Bundestages nicht erreicht hat.«

Entsetzen bei CDU und CSU, lautstarker Jubel bei den Abgeordneten von SPD und FDP. Rainer Barzel ist wie versteinert. Ohne eine äußerliche Regung gratuliert er dem weiter amtierenden Kanzler Brandt. Nur 247 statt der benötigten 249 Abgeordneten hatten für den Antrag gestimmt. Rainer Barzel scheitert. Er scheitert am Verrat. Am Verrat eigener Parteifreunde. Und an Bestechung. Denn das Ergebnis dieser Bundestagsabstimmung ist gekauft worden.

Die DDR will um jeden Preis Bundeskanzler Brandt aufgrund seiner Entspannungspolitik im Amt halten. Das Ministerium für Staatssicherheit, die berüchtigte Stasi, wird angewiesen, mögliche CDU/CSU-Politiker für Erpressung oder Bestechung zu identifizieren. Und die Stasi wird fündig: CSU-Mann Leo Wagner ist in finanziellen Schwierigkeiten. Und auch CDU-Politiker Julius Steiner ist bereit, sich für 50 000 D-Mark, nach heutiger Kaufkraft rund 85 000 Euro, in der Abstimmung zu enthalten.

Beides kommt jedoch erst nach der Wende 1989 durch Stasi-Dokumente und die Memoiren von DDR-Spionagechef Markus Wolf ans Licht. Julius Steiner gibt sechs Wochen nach der gescheiterten Abstimmung eine Bestechung zu, belastet aber SPD-Parlamentsgeschäftsführer Karl Wienand. Ob auch der SPD-Mann ihm Geld gegeben hat, ist bis heute ungeklärt. Doch klar ist: Die Kanzlerwahl im Bundestag 1972 ist manipuliert. Opfer ist Rainer Barzel. Nach dieser tragischen Niederlage geht es abwärts mit seiner Karriere. Der 47-Jährige verliert im Herbst 1972 als CDU-Kanzlerkandidat auch die notwendig gewordenen Neuwahlen. Anschließend tritt er als Fraktionsvorsitzender zurück. Und ein Jahr später muss er den Parteivorsitz an Helmut Kohl abtreten.

1982 wird er für sechs Monate zum zweiten Mal Bundesminister für innerdeutsche Beziehungen. Ironie des Schicksals: Das Ministerium regelt die Beziehungen zur DDR-Führung. Die Führung, die Barzel – ohne sein Wissen – 1972 durch Manipulation um das Amt als Bundeskanzler betrogen hat.

Der rausgemobbte Oasis-Gründer

»Der wohl dümmste Mensch im Showgeschäft.« Die britische Zeitung *Sun* ist hart in ihrem Urteil über den Bandausstieg von Oasis-Drummer Tony McCaroll. Vielleicht haben die Boulevardjournalisten sogar recht. Aber Tony McCaroll will 1995 nur noch weg. Raus aus der heißesten Rockband Europas. Obwohl er die Band mitgegründet hat. Im Gegensatz zu Noel Gallagher. Aber der selbstbewusste Songschreiber schafft es mit seinem perfiden Dauermobbing, dass Tony Oasis verlässt. So wird McCaroll nicht zum Plattenmillionär, im Gegensatz zu seinen Bandkollegen.

Rückblick: 1991 gründet Tony McCaroll in Manchester mit Nachbarn und Freunden die Band Rain. Später stößt Liam Gallagher dazu. Tony und Liam kennen sich aus ihrer Kindheit und so wird der jüngere Gallagher-Bruder neuer Sänger. Liam Gallagher schlägt einen anderen Namen für die Gruppe vor: Oasis. Und Liam will kurz darauf auch seinen älteren Bruder Noel in der Band haben, weil der Gitarre spielt und Songs schreiben kann. Es folgen Drogen, Drinks und Oasis-Gigs in kleinen Klubs. Nach unzähligen Konzerten haben sie sich 1993 eine kleine Fangemeinde im Vereinigten Königreich erspielt – und bekommen den langersehnten Plattenvertrag.

Tony McCaroll spielt Schlagzeug in allen Songs des Debütalbums *Definitely Maybe*. Ab jetzt geht es beruflich kometenhaft bergauf für Oasis, doch bandintern genauso schnell bergab für den armen Tony.

Definitely Maybe wird am 30. August 1994 veröffentlicht. Bereits zwei Tage später wird das Album mit einer Goldenen Schallplatte ausgezeichnet. Es steigt sofort auf Platz eins der britischen Albumcharts und verkauft sich in Europa und den USA millionenfach. Alle vier Singles kommen in die britischen Charts. Der Song »Live Forever« wird sogar der erste Top-Ten-Hit der Band. Fans und Kritiker sind sich einig: Oasis ist die neue Superband des Rock'n'Roll. Fünf Freunde aus einem Arbeitervorort von Manchester haben es mit Anfang 20 gemeinsam an die Spitze geschafft. So scheint es zumindest.

Alle Songs des Erfolgsalbums hat Noel Gallagher geschrieben. Er ist der unumstrittene Kopf der Band geworden – und er hält nicht viel von Drummer Tony. Immer wieder gibt es Spitzen gegen ihn, berichtet McCaroll in seiner Autobiografie *Die Wahrheit über Oasis*. Als Noel Gallagher in einem Radiointerview von einem Hörer gefragt wird, ob er jemals eine Penisverlängerung in Betracht ziehen würde, antwortet er: »Oasis hat schon eine Penisverlängerung. Den Drummer.«

Noel ist mit der Qualität des Schlagzeugers unzufrieden und scheint ihn aus der Band mobben zu wollen. Tony wird zum Beispiel im Musikvideo zu »Live Forever« lebendig begraben. Eine fast makabre Parallele zu seinem echten Bandleben. Bei jeder Tour, jedem TV-Auftritt, ist er zunehmend der Außenseiter, auf dessen Kosten Noel Gallagher Witze macht.

Tony McCaroll sitzt nur noch bei einer einzigen Studioaufnahme am Oasis-Schlagzeug. Bei »Some Might Say«, der Vorabsingle zum Megaalbum *(What's the Story) Morning Glory?* im April 1995 verlässt er auf Druck des Managers die Band, die er mitgegründet hat. Wenige Wochen später wird »Some Might Say« der erste Nummer-eins-Hit von Oasis. Noel Gallagher äußert sich zum Abgang von Tony McCaroll gewohnt drastisch: »Beschissener Drummer. Beschissene Frisur. Beschissenes Outfit.«

Vom anschließenden Album *(What's the Story) Morning Glory?* mit den Hits »Don't Look Back in Anger« und »Wonderwall« werden laut *Daily Mail* über 22 Millionen Exemplare verkauft. Ausverkaufte Tourneen und erfolgreiche weitere Oasis-Alben folgen. Alles ohne Tony McCaroll.

Doch 1999 möchte er dann doch einen Anteil vom Millionen Pfund schweren Kuchen abhaben. Und die Chancen stehen gut: Immerhin hatte er, wie alle Oasis-Mitglieder, einen Vertrag über fünf Alben unterschrieben. Er verklagt Band und Management auf umgerechnet 12 Millionen Euro Tantiemen und Entschädigung. Außergerichtlich einigt sich McCaroll dann auf deutlich weniger: Er bekommt lediglich 400 000 Euro Abfindung. Der Unglücksrabe McCaroll will einen schnellen Vergleich. Er will wieder raus aus den Schlagzeilen. Und darum stellt die britische Tageszeitung *Sun* ihren Lesern die rhetorische Frage: »Ist dies der dümmste Mensch im Showgeschäft?«

Unter Musikexperten und Oasis-Fans gilt übrigens das Debütalbum als ihr bestes. An den Drums: Tony McCaroll.

Die entscheidenden zwei Stunden

Alexander Graham Bell ist ein berühmter Mann. Als er 1922 stirbt, ruht ihm zu Ehren für eine Minute der gesamte Telefonverkehr in den USA. Die britische Glamrock-Band The Sweet widmet ihm 1971 einen Song, der zum Riesenhit wird. Es gibt eine Graham-Bell-Insel in der Arktis und Auszeichnungen, die nach ihm benannt sind. Mit der Gründung des Telefonkonzerns AT&T wird Bell vermögend.

All diesen Ruhm und Reichtum verdankt er nur einer Tatsache: Er war am 14. Februar 1876 zwei Stunden vor seinem Konkurrenten Elisha Gray auf dem Patentamt. Und somit wurde er – und nicht Gray – zum offiziellen Erfinder des Telefonapparats. Zumindest für den lukrativen US-Markt.

Ab 1868 forscht Alexander Graham Bell in Boston auf Basis des von Philipp Reis erfundenen »Telephons« an einem marktreifen Fernsprechapparat. Dies versucht zeitgleich auch der amerikanische Handwerker Elisha Gray in Cleveland. Bereits 1867 hat er ein Patent für ein telegrafisches Gerät erhalten, nun will er sein Wissen für die Sprachübermittlung anwenden.

Der Mann aus Ohio hat bereits eine bewegte Lebensgeschichte hinter sich. Sein Vater stirbt, als er zwölf Jahre alt ist. Er macht eine Lehre als Goldschmied, wird später Zimmermann und Bootsbauer. In Ohio studiert er Physik und wird Lehrer.

Und nebenbei ist er Erfinder und Unternehmer. Gray ist fasziniert von der Elektrizität und deren Möglichkeiten. Seine Idee: Mithilfe von Elektrizität müsste doch auch die Übertragung von Tönen über große Entfernungen funktionieren. Nach weiteren Jahren des Grübelns und Tüftelns hat er den Durchbruch geschafft. Er schreibt seine Forschungsergebnisse zusammen für einen Patentantrag. Sein Patentgesuch am 14. Februar 1876 trägt den Titel »Telegraphische Sprachübertragung«. Kurz zuvor hatte der US-Kongress entschieden, nicht nur fertige, funktionierende Erfindungen zum Patent zuzulassen. Es reicht bereits die Beschreibung einer Erfindung für die Patenterteilung. Dies nutzt auch Patentanwalt Gardiner Greene Hubbard. Er ist im Auftrag von Alexander Graham Bell ebenfalls am 14. Februar 1876 auf dem Patentamt, um die vage Funktionsweise eines Fernsprechapparats anzumelden.

Obwohl die Beschreibung von Gray wesentlich detaillierter ist, bekommt Alexander Graham Bell drei Wochen später am 7. März 1876 das Telefonpatent mit der Nummer 174465 erteilt. Die Begründung: Beide haben das Gleiche erfunden, aber die Anmeldung von Bell war zwei Stunden vor Gray auf dem Patentamt.

Bell hatte erfahren, dass Konkurrenten kurz vor dem Durchbruch bei ihren Telefonexperimenten standen. Er entscheidet sich daraufhin für das Motto »Schnelligkeit vor Genauigkeit« und bringt seine nur sehr grobe Theorie zu Papier. Zunächst mit Erfolg. Bell hält das Patent, Gray geht leer aus. Es beginnt danach der wohl größte Urheberstreit in der Menschheitsgeschichte. Sage und schreibe 600 Klagen gegen das Patent von Bell werden eingereicht. Elisha Gray verbündet sich in seiner Verzweiflung mit der mächtigen Western Union Telegraph

Company. Gemeinsam greifen sie die Erfindung von Bell an. Nicht zu Unrecht.

Bei der späteren praktischen Vorführung seines Telefons verwendet Bell einen regelbaren Widerstand, der nicht in seiner Patentschrift aufgeführt ist, aber in Elisha Grays Antrag ausführlich beschrieben ist. Auch bei anderen wichtigen Punkten ähnelt Bells Prototyp der Beschreibung von Gray. Das Musterexemplar besteht unter anderem aus einer Membran und einem Mikrofon. Diese beiden Teile sind nur in Elisha Grays Patentantrag enthalten, nicht in dem von Alexander Graham Bell. Trotz dieser verdächtigen Auffälligkeiten gewinnt Bell jeden Prozess. Sämtliche Klagen gegen seine Urheberschaft am Telefon werden abgewiesen. Meist mit der simplen Begründung des Gerichts, dass Bell ja als Erster das Patent erhalten habe. Und daher sei er der Erfinder des Telefons.

Zehn Jahre später erklärt der Patentamtsgutachter Zenas Wilber, dass er von Bells Anwälten bestochen worden sei. Gegen 100 US-Dollar habe er Bell den Patentantrag seines Kontrahenten Gray inklusive aller Zeichnungen und Beschreibungen zukommen lassen. Bell widerspricht vehement, und bis heute ist ungeklärt, wer die Wahrheit gesagt hat.

Fakt ist: Ein Telefon auf Basis von Bells Patent würde nicht funktionieren, im Gegensatz zu dem deutlich detaillierteren und besseren Entwurf von Gray.

Aber Bell darf mit seinem Patentschutz allen Konkurrenten die Arbeit an Telefonapparaten untersagen. Damit ist der Weg frei, um aus der Erfindung des Telefons Kapital zu schlagen. Er entwickelt das Telefon weiter, führt das erste Ferngespräch der Geschichte und gründet die Bell Telephone Company. Daraus wird später AT&T, der größte Telekommunikationskonzern der Welt. Bis 1984 besitzt AT&T das Telefonmonopol in den USA.

Pechvogel Elisha Gray hingegen gerät in Vergessenheit. Aber er arbeitet weiter als Erfinder. Und mit seinen Arbeiten an einem Unterwasser-Schallsignalsystem und einem Teleautografen (dem Vorgänger des Faxgeräts) hilft der weitgehend unbekannte Wissenschaftler und Erfinder, wieder Menschheitsgeschichte zu schreiben. Auf Basis seiner Arbeit entsteht das Ortungssystem Sonar und das Faxgerät. Doch Inseln oder Popsongs werden nie nach ihm benannt.

Das kubanische Olympiadrama

Dies ist die Geschichte eines einfachen Briefträgers. Eines Briefträgers mit einem großen Traum. Dem Traum von einer Olympiamedaille.

Endlich: Die Olympischen Spiele finden 1904 in St. Louis auf dem amerikanischen Kontinent, quasi vor der Haustür von Félix Andarín Carvajal, statt. Der Briefträger aus Havanna möchte am Marathon teilnehmen. Doch das arme Land Kuba hat kein Geld, um den armen Postboten Carvajal zu Olympia in die USA zu schicken. In seiner Not läuft er unzählige Bettelrunden um das Rathaus von Havanna – und bekommt tatsächlich das Geld für die Schiffsüberfahrt zusammen.

Carvajal erreicht in Key West, Florida, die Vereinigten Staaten. Über New Orleans will der 29-jährige Kubaner weiter gen St. Louis im Bundesstaat Missouri reisen. Zum ersten Mal im Ausland, möchte er natürlich auch etwas erleben. Und so lässt sich der schlaksige Langstreckenläufer auf ein paar Würfelspiele mit US-Amerikanern ein. Und Pechvogel Carvajal verliert sein gesamtes, mühsam eingenommenes Geld. Was nun? Nur noch wenige Tage bis zum Olympiamarathon – und Carvajal ist gut 1000 Kilometer von St. Louis entfernt.

Aufgeben ist keine Option für den wackeren Félix. Er wandert die Strecke nach St. Louis. Nur hin und wieder wird er zumindest für einige Meilen von Pferdewagen oder einem der neuen Automobile mitgenommen. Ende August erreicht er endlich ausgezehrt, erschöpft, aber glücklich die Olympiastadt St. Louis. Gerade noch rechtzeitig für den am 30. August angesetzten Marathonlauf.

Der Marathon gilt als der wichtigste Wettbewerb der Olympischen Spiele. Aber Marathon-Experten sind die US-amerikanischen Veranstalter nicht. »Sie möchten eine ›interessante‹ Strecke. Deshalb führt diese durch verschlungene Straßen, über staubige Sandwege – und über sieben Hügel«, berichtet die ARD-Sportschau in einem Beitrag über Olympia 1904. Eine Strecke, die heutzutage niemals mehr genehmigt würde. Dazu passt, dass auch nur eine einzige Wasserversorgungsstelle vorgesehen ist, bei Kilometer 17. Und: Das Rennen startet am Nachmittag, nicht am deutlich kühleren Vormittag.

Denn die Sommer in St. Louis werden sehr heiß. Und so zeigt das Thermometer kurz vor dem Start 33 Grad im Schatten. Darauf ist Unglücksrabe Carvajal nicht vorbereitet. Er hatte Unterkunft bei amerikanischen Gewichthebern und Diskuswerfern bekommen. Die helfen ihm jetzt, mit einer Schere schnell noch seine langen, schweren Kleider zumindest zu kürzen. Bei seinen Schuhen können sie ihm nicht helfen, der mittellose Kubaner hat nur seine schweren schwarzen Straßenschuhe, mit denen er jetzt bei diesen mörderischen Temperaturen ins Rennen geht.

Félix Carvajal quält sich mit den anderen 31 Läufern über die Strecke. Die Sonne brennt auf ihn nieder. Er hat seit Tagen kaum etwas gegessen. Dann findet er ein paar halb verfaulte Äpfel an der Strecke. Hungrig schlingt er sie hinunter. Kurz darauf bekommt der Kubaner schwere Magenkrämpfe. Von

Schmerzen geplagt muss sich Carvajal hinlegen und eine unfreiwillige Pause machen. Aber tapfer läuft er danach weiter durch die sengende Hitze. Meile für Meile, Stunde um Stunde. Und als einer von nur 14 der 32 gestarteten Läufer erreicht er tatsächlich das Ziel. Nun hat Dauerpechvogel Félix Carvajal ein weiteres, letztes Mal keine Fortune. Er beendet das Rennen nach Anreisestress, Kleidungshandicap und Magenvergiftung als Vierter – und verfehlt nur knapp die Bronzemedaille.

Der zweifelhafte Glückspilz

Schon früh zeichnet sich ab, dass der kleine John zu einer ganz besonderen Gruppe von Menschen gehören wird. Jener Gruppe, die ein Leben lang kämpfen wird, jenen Menschen, denen nichts geschenkt wird. Schon als er 1952 geboren wird, muss er kämpfen, denn es ist unklar, ob der kleine John überleben kann. Seine Lunge ist unterentwickelt, er braucht schon kurz nach der Geburt Medikamente und besondere Aufmerksamkeit. Aber er schafft es, so wie er noch viele Male Widerstände und Unglücke aller Art überwinden wird.

18 Monate später hat Kleinkind John großen Durst, neugierig trinkt er aus einer interessant aussehenden Plastikflasche aus Omas Badezimmer. Eine Stunde später wird ihm im Krankenhaus der Magen ausgepumpt, er hatte einen Viertelliter Desinfektionsmittel zu sich genommen.

Als kleiner Junge macht John einen Ausritt mit seinem Großvater und fällt vom Pferd. So weit, so schlimm, aber er fällt derart unglücklich auf die Straße, dass er von einem herankommenden Lieferwagen überrollt wird. Wie durch ein Wunder überlebt er weitgehend unverletzt.

Und wie ein Magnet scheint John Lyne auch in den kommenden Jahren Unglücke und Katastrophen anzuziehen. Schon bald trägt er den wohl passenden Spitznamen »Calamity John«, zu Deutsch: Katastrophen-John. Und die englische

Presse fragt sich: »Ist dies Großbritanniens größter Glückspilz – oder größter Pechvogel?« Denn zumeist gehen die Missgeschicke und Unglücksfälle glimpflich aus.

Mit zwölf Jahren radelt er im Gewitter auf dem Fahrrad nach Hause – und wird von einem Blitz getroffen. Zumindest fast, denn der Blitz schlägt in den Fahrradlenker ein. John fällt vor Schreck vom Fahrrad – und läuft danach zu Fuß heim.

Im Mai 1966 versucht sich der mittlerweile 14-Jährige am Klettern. Er fällt vom Baum und bricht sich den Arm. John Lyne kommt ins Krankenhaus und wird dort ärztlich versorgt. Am nächsten Tag fährt er mit seiner Mutter noch einmal zur Untersuchung ins Hospital. Sie nehmen den Bus. Doch dieser kracht auf der Fahrt zum Krankenhaus in einen Lkw. John Lyne bricht sich denselben Arm noch einmal. Aber zu seinem Pech an einer anderen Stelle. Das schmerzhafte Datum: Freitag, der 13.!

Mit Mitte 20 lebt John Lyne mit seiner Frau Susan und seinen Kindern in der Nähe von Doncaster. Er arbeitet als Arbeiter im Bergwerk von Hatfield und seine Pechsträhne hält weiter an. Bei einem Grubenunglück wird er von Felsbrocken getroffen und bricht sich die Rippen.

Auf dem Heimweg von der Arbeit wird John Lyne eines Tages von einem Bus angefahren. Der glückliche Pechvogel kommt mit einem verstauchten Arm davon. Unglaubliche 16 schwere Unfälle sind bei John Lyne dokumentiert. Kaum ein Körperteil bleibt bei »Katastrophen-John« verschont. Besonders unglücklich ist sicher die Sache mit dem Stromschlag – eigentlich will er nur beim Dekorieren helfen. Dass das Kabel schon Strom führt, hat er schlicht übersehen.

»Ich hatte oft Glück im Unglück und die Leute haben mich mit einer Katze verglichen, die neun Leben hat. Mich zieht das nicht runter. Es ist einfach, wie es ist«, zitiert die *Daily Mail* den größten Pechvogel Großbritanniens. Sein letztes bislang bekanntes Unglück passiert 2006, als John Lyne bei der Arbeit in ein offenes Gullyloch fällt – und mit kaputtem Rücken, kaputten Knien und gebrochenen Beinen über 30 Wochen verletzt ausfällt.

Die unbekannte Erfindung

»SKF stellt Lager für Skater her, seit es Inlineskates gibt.«

Ein simpler Satz auf der Homepage des Wälz- und Kugellager-Herstellers SKF in Schweinfurt. Der Inhalt ist vollkommen korrekt. Doch das Drama dahinter, die vergebene große unternehmerische Chance sowie die menschliche Enttäuschung von vier engagierten deutschen Erfindern verschweigt dieser knappe Satz.

In den 1970er-Jahren sind die deutschen Mitarbeiter des schwedischen Konzerns SKF aufgefordert, Innovationen und neue Produkte zu entwickeln. Die dafür eingerichtete Entwicklungsabteilung leitet Joe Hertz. Und er kommt 1975 auf die Idee, einen Ganzjahresschlittschuh zu produzieren. Mit abnehmbaren Kufen für den Winter. Und mit Rollen zum Laufen auf Asphalt im Sommer. Zielgruppe: Eisläufer, die auch im Sommer trainieren wollen.

Zusammen mit seinen Mitarbeitern Peter Brandt, Armin Drebes und Gerhard Tilch treibt er die Entwicklung der Rollenvariante voran. Ausgestattet wird alles natürlich mit hochwertigen SKF-Lagern aus dem eigenen Haus. Diese Rollen für den Sommerbetrieb werden in einer Reihe hintereinander an der Schiene angeordnet. Oder englisch ausgedrückt: »in-line«.

1976 werden tatsächlich mehrere Tausend Exemplare dieser kombinierten Schlittschuh- und Inlineskates für den Verkauf produziert. Der Name des neuen Produkts »made in Germany«: Speedy.

Damit sind Joe Hertz und sein Team in Schweinfurt die eigentlichen Erfinder der Inlineskates, die später auch Rollerblades genannt werden. Denn der Rollerblades-Firmengründer Scott Olson tüftelt seine Version der Inlineskates erst 1979 zusammen.

Warum aber ist Schweinfurt nicht die Welthauptstadt des Inlineskatings geworden? Man hat hier schlicht die Möglichkeiten des neuen Freizeitgeräts nicht erkannt. SKF ist bislang nahezu ausschließlich im Geschäftskundenmarkt tätig. Maschinenbaufirmen und Motorenhersteller werden beliefert. Mit Produkten für den Endverbraucher hat man keine echte Erfahrung. Und so glaubt man auch nur an den kleinen Markt der Eisschnellläufer als potenzielle Käufer. Für diese werden sogar erste Wettkämpfe auf den Speedys ausgerichtet. So rollen die ersten Inlineskater der Welt durch die unterfränkische Kleinstadt Schweinfurt.

Doch es wird kein Marketing für den neuen Rollschuh gemacht. Und ohne Marketing verkauft sich der Speedy schlecht. »Für so etwas muss man werben, sonst stirbt es«, bedauert Miterfinder Gerhard Tilch 2004 gegenüber der *Main-Post*. Die letzten Exemplare werden im Raum Schweinfurt günstig verramscht. Der Speedy ist ein totaler Flop. Die Produktion wird eingestellt.

Drei Jahre später kommen die ersten Rollerblades in den USA auf den Markt und lösen kurz danach einen weltweiten Inlineskate-Boom aus. Alle wollen die modernen Rollschuhe, bei denen die vier Rollen nicht mehr zweispurig angeordnet sind. Über 30 Millionen Exemplare werden in den folgenden Jahren verkauft. Allein in den USA. Inlineskates sind ein Milliarden-Dollar-Geschäft.

Doch die vier Erfinder aus Schweinfurt können nur staunend und etwas bedauernd zuschauen, was aus ihrer Idee geworden ist. Mangels Patent gehen sie leer aus.

Zumindest ihr einstiger Arbeitgeber profitiert noch etwas vom Inliner-Erfolg, denn: »SKF stellt Lager für Skater her, seit es Inlineskates gibt.«

Der blamierte Bundesligaprofi

Fußballfans haben – anders, als es landläufige Meinung ist – eine außerordentliche Gehirntätigkeit. An nahezu jedes kleine Detail vom Spieltagswetter bis zu kompletten Mannschaftsaufstellungen können sie sich auch Jahre später noch erinnern. Die Erfahrung macht auch der Potsdamer Marcell Fensch. »Wenn ich meinen Namen sage, werde ich schon noch oft auf das Trikot angesprochen«, erzählt Fensch 2017 in einem *Express*-Interview.

Obwohl die Geschichte mit dem Trikot vor über zwei Jahrzehnten passiert ist. 14. Oktober 1997: Fußballbundesligist 1. FC Köln spielt gegen den Abstieg. Es geht zu Hause im Müngersdorfer Stadion gegen Schalke 04. Auf der Kölner Ersatzbank hofft der 22-jährige Verteidiger Fensch auf seinen allerersten Bundesligaeinsatz.

Der Abwehrspieler beginnt seine Karriere in der Jugend bei Dynamo Güstrow und dem BFC Dynamo Berlin. Er wird 1992 an der Seite von Lars Ricken mit Deutschland sogar Fußballeuropameister der unter 16-Jährigen.

Er träumt danach den Traum aller jungen deutschen Fußballer: einmal in der Bundesliga auflaufen, einmal vor zigtausend Fans spielen. Vielleicht klappt es ja an diesem Dienstagabend. Flutlichtspiel, 40 000 Zuschauer, tolle Atmosphäre. Stars wie

Weltmeister Olaf Thon stehen auf dem Platz. Ein hervorragender Rahmen für ein Bundesligadebüt.

Lange steht es torlos 0:0. Kurz vor der Halbzeitpause verletzt sich Abwehrspieler Dirk Schuster. Kölns Trainer Lorenz-Günther Köstner signalisiert Marcell Fensch: »Los, fertig machen, du wirst eingewechselt.« Und er soll sich beeilen, denn Schuster kann mit seinem Nasenbeinbruch nicht mehr weiterspielen. Zum zweiten Mal im Bundesligakader und schon ist der große Moment da: Marcell Fensch aus Parchim darf die Bundesligabühne betreten. Er zieht seinen Trainingsanzug aus – und fängt an, sein Trikot zu suchen. Er hat es nicht an. Und es liegt nicht auf der Ersatzbank. Es ist nicht da. Fensch hat seine Ausrüstung schlicht vor Aufregung vergessen. Es ist noch in der Umkleidekabine. Ein Mannschaftskollege spurtet in die Katakomben, um es zu holen. Unglücksrabe Fensch wird es mulmig, aber er macht sich tapfer weiter warm an der Außenlinie. Der 1. FC Köln ist in dieser Zeit nur mit zehn Spielern auf dem Feld. Und so muss Fensch tatenlos zusehen, wie Schalke 04 in der 44. Minute die Überzahl ausnutzt und die 1:0-Führung erzielt. Fast vier Minuten hatte es gedauert, bis er endlich eingewechselt werden konnte.

Köln verliert das Spiel am Ende mit 0:2. Fensch, in der 45. Minute eingewechselt, wird in der 75. Minute wieder ausgewechselt. Die Höchststrafe für einen Fußballer. Das Fachblatt *Kicker* gibt ihm die Note Sechs, »ungenügend«. Köln steigt später ab und Fensch flieht aus der Domstadt zu Arminia Bielefeld. »Die Trikotgeschichte hat mir in Köln einen Stempel gegeben und aus dieser Schublade wäre ich nicht rausgekommen. Darum bin ich nach der Saison gewechselt. Obwohl ich kaum gespielt hatte, galt ich mit als Inbegriff des Abstiegs«, sagt er im *Express*.

Er entschuldigt sich direkt nach dem Spiel bei der Mannschaft. Vorwürfe seiner Kollegen gibt es nicht für den jungen Spieler und sein Megamalheur. Der 1. FC Köln verdonnert ihn allerdings zu einer Geldstrafe von 2000 D-Mark, umgerechnet rund 1000 Euro. Bereits mit 28 Jahren hört er auf mit dem Fußball, schwere Verletzungen plagen ihn während der ganzen Karriere. Aber noch heute hört er bei fast jedem Freizeitkick den freundschaftlichen Rat: »Marcell, vergiss dein Trikot nicht.«

Der Ingenieur, der nicht an seine Erfindung glaubt

Eine Stellenanzeige, das Jobgesuch eines verzweifelten US-Einwanderers im Jahr 1938, wird die Geschäftswelt grundlegend verändern und ein globales Multimilliardengeschäft begründen.

Ingenieur Otto Kornei flieht mit seiner Frau Maria in die Vereinigten Staaten von Amerika. Seine Heimat Österreich war gerade Teil von Nazideutschland geworden. Und wie viele hoch qualifizierte US-Einwanderer lebt er in bitterer Armut. In der Wirtschaftskrise gibt es kaum freie Stellen. Von seinem letzten Geld finanziert er ein Stellengesuch, er bekommt genau eine einzige Antwort.

Der Patentanwalt Chester Carlson arbeitet in seiner Freizeit an einer Erfindung: einem Kopierer nach dem Prinzip der Xerografie. Und er braucht einen Ingenieur, der seine Idee weiterentwickelt und ein Kopiergerät baut. Das Problem: Carlson kann nur wenige Dollar im Monat bezahlen, also einen echten Hungerlohn. In seiner Verzweiflung stimmt Kornei zu, in Teilzeit mitzuarbeiten. Parallel will er sich eine besser bezahlte Stelle suchen.

Der Wiener ist schnell erfolgreich. Am 22. Oktober 1938 erstellt Otto Kornei die erste Kopie der Welt. »10–22–38 Astoria« ist darauf zu lesen. Das Datum – in US-Schreibweise – und der Ort des Kopierversuchs.

Mit Tusche hatte Kornei den Schriftzug auf einen Träger aus Glas geschrieben und diesen auf eine Zinkplatte gelegt, die mit einer Schicht Schwefel überzogen war. Die Oberfläche hatte Carlsons Mitarbeiter kräftig mit einem Tuch abgerieben und so elektrostatische Ladung erzeugt. Auf der Kopie, einem Blatt Wachspapier, war die Schrift klar zu lesen.

Otto Kornei glaubt jedoch nicht daran, dass die Menschheit Kopien benötigt. Er verlässt Carlson und nimmt eine neue Anstellung an. Auch später lehnt er sehr gut entlohnte Jobangebote von Carlson immer wieder ab. »Wer braucht Kopiergeräte?« Und falls das Ganze doch ein Erfolg werden würde, hatte er sich mit Chester Carlson ja vertraglich auf eine Gewinnbeteiligung geeinigt. 10 Prozent des Gewinns würden Otto Kornei zustehen.

Carlson bietet die Erfindung überall an. Doch alle Büromaschinenhersteller lehnen ab. IBM, der Schreibmaschinenfabrikant Remington. Industriegigant General Electric. Keiner will einen Kopierer herstellen. Erst 1948, zehn Jahre nach der Erfindung, baut die Firma Haloid-Xerox den ersten Fotokopierapparat. Aber: Eine Kopie dauert eine Minute und braucht mindestens 14 Arbeitsschritte. Keiner will dieses Gerät haben. Otto Kornei scheint recht zu behalten, die Menschheit braucht keine Kopiergeräte. Im Tausch für die Rechte an einer anderen Erfindung aus seiner Zeit bei Carlson verzichtet er auf die ihm zustehende mögliche Gewinnbeteiligung. Eine fatale Fehleinschätzung, wie sich später herausstellt. Carlson hingegen glaubt weiter an den Kopierer. Nach ersten kleinen Verkaufserfolgen schenkt er 1956 seinem Freund Otto 100 Haloid-Xerox-Aktien. Bald darauf stößt Pechvogel Kornei die Anteilsscheine für einige Hundert Dollar wieder ab. 1960 wären diese 100 Aktien bereits 22 000 Dollar wert gewesen, 1972 sind diese 100 Xerox–Aktien sogar 1 000 000 Dollar wert.

Grund dafür ist der »Xerox 914«! Das verbesserte Modell wird 1960 zu einem großen wirtschaftlichen Erfolg. Kopierer erobern in Windeseile die Büros weltweit. Xerox wird zu einem Megakonzern – und Chester Carlson erhält jährlich 1,2 Prozent des Gewinns. So hat er es vertraglich vereinbart. 1960 ist er bereits Millionär, bis zu seinem Tod 1968 verdient er durch die Lizenzeinnahmen etwa 150 Millionen Dollar, von denen er den Großteil wohltätigen Zwecken spendet.

Otto Kornei hingegen bleibt nur die Ehre, an der bis dato wohl größten und einflussreichsten Kommunikationserfindung nach der Buchdruckmaschine von Gutenberg mitgewirkt zu haben.

Der berühmteste Pechvogel
der Musikgeschichte

Seine Geschichte kennt fast jeder Musikfan weltweit. Viele Musiker – auch in diesem Buch – erleiden ein ähnliches Schicksal. Doch keiner kommt an sein Pech heran. Denn Pete Best war bis kurz vor dem Durchbruch Mitglied der größten Band aller Zeiten. Die Geschichte seines Rauswurfs kennen viele. Doch dass diese Geschichte auch ein spätes Happy End hat, ist weit weniger bekannt.

Ab dem 17. August 1960 sollen die noch unbekannten Beatles in einigen Hamburger Klubs spielen. Die deutschen Teenager sind zunehmend scharf auf den neuen Beat-Sound aus England. Indra-Klub und Kaiserkeller buchen daher die Newcomer aus Liverpool. Das Problem: John Lennon, Paul McCartney, George Harrison und Stuart Sutcliffe fehlt ein fester Schlagzeuger. Bisher wechselten die Drummer regelmäßig bei ihren Konzerten in Liverpool. Also wird kurz vor den Hamburg-Gigs Pete Best der neue, echte Schlagzeuger der Beatles.

Schnell erspielt sich die Band eine Fangemeinde in Hamburg. Bassist Sutcliffe verlässt die Band ein halbes Jahr später freiwillig, um Maler zu werden. Die verbleibenden vier Beatles spielen weiter im Wechsel Konzerte in Hamburg und in ihrer Heimatstadt Liverpool.

1961 ist die deutsche Plattenfirma Polydor auf der Suche nach einer Begleitgruppe für den Sänger Tony Sheridan. Die Beatles bekommen den Job. Unter Produzent Bert Kaempfert spielen sie ihre ersten professionellen Studioaufnahmen ein. Neun Titel werden aufgenommen, die Single »My Bonnie« kommt sogar bis auf Platz 32 in die deutsche Verkaufs-Hitparade. Daher interessiert sich auch Musikmanager Brian Epstein für die Beat Brothers, wie die Sheridan-Begleitband bezeichnet wird. Epstein wird neuer Manager der Band. Unterdessen sind die Beatles weiter eine feste Band in den Klubs im Hamburger Rotlichtviertel rund um die Reeperbahn. Pete Best hatte als einziges Bandmitglied Deutsch in der Schule. Daher handelt er mit den Klubbetreibern Details zu Unterkünften und Auftrittszeiten aus.

Im Juni 1962 spielen die Beatles bei der Major-Plattenfirma EMI vor. Die Band spielt vier Songs ein, darunter die spätere Single »Love Me Do«. Produzent George Martin ist begeistert vom Sound der Band. Aber die Qualität des Drummers macht ihm Sorgen. Er sagt dies Brian Epstein, der diese Information nicht an die Band weitergibt, denn er ist unsicher, wie er damit umgehen soll. Der Liverpooler DJ Bob Wooler rät ihm, auf jeden Fall Pete Best zu behalten, da die Fans ihn bei den Liveauftritten lieben. Später spricht er mit John, Paul und George, aber nicht mit Pete Best über den verhängnisvollen Satz von George Martin.

Am 15. August 1962 trommelt Pete Best das letzte Mal als Schlagzeuger bei den Beatles. »Die Jungs wollen dich raushaben.« Dies teilt ihm am Tag danach Manager Brian Epstein mit, sagt Best 2010 in einem *FAZ*-Interview. Eine Erklärung hat er nie bekommen. Auch mit ihm gesprochen habe danach keiner der anderen drei Beatles mehr. Keiner hat sich je wieder bei ihm gemeldet. Acht Wochen nach seinem Rausschmiss erscheint die Single »Love Me Do« und wird zum ersten Hit der Beatles. Der Song ist neu eingespielt worden, am Schlagzeug sitzt jetzt Ringo Starr.

Ob er wirklich nur wegen der Äußerung von George Martin nach zwei Jahren Beatles-Zugehörigkeit die Band verlassen musste, ist bis heute unklar. Bill Harry zitiert Martin in seiner Beatles-Enzyklopädie: »Ich habe niemals vorgeschlagen, dass Pete Best die Band verlassen muss. Ich hatte nur vorgeschlagen, für die Studioaufnahme einen guten Studiomusiker am Schlagzeug zu engagieren.« Es war zu dieser Zeit keine Seltenheit, dass professionelle Studiomusiker Platten (mit)einspielten. Auf dem Cover oder bei Liveauftritten war dann aber stets die echte Band zu sehen.

George Martin hat sein Leben lang von einem Missverständnis gesprochen und den Rauswurf von Pete Best bedauert. Kein Wunder, denn für Best geht es danach steil bergab. Ein Plattenflop folgt auf den nächsten. Dazu kommen Depressionen und sogar ein Selbstmordversuch. 1965 schließt er sich in einem Zimmer ein und öffnet den Gashahn, im letzten Moment rettet ihn seine Familie. Er schlägt sich danach als Hilfsarbeiter in einer Bäckerei durch. Gleichzeitig werden die Beatles-Hits täglich im Radio gespielt und die Beatlemania macht die Band zu den ersten und größten Superstars der Musikgeschichte. Später arbeitet der Ex-Beatle im Arbeitsamt von Liverpool und spielt weitgehend erfolglos in englischen Bands mit.

1995 kommt es dann, über 30 Jahre nach seinem Beatles-Aus, zu einem etwas versöhnlichen Happy End für Pete Best. *Anthology* erscheint, eine CD-Box mit dem gesamten musikalischen Werk der Beatles. So verkündet es die Plattenfirma. Und zum gesamten Werk der Beatles gehören auch die erhalten gebliebenen, größtenteils unveröffentlichten Songs, bei denen Pete Best am Schlagzeug trommelt. *Anthology 1* wird zum Riesenerfolg und Pete Best im Alter von mittlerweile 54 Jahren auf einen Schlag zum Millionär. Als Musiker bei zehn Titeln des Millionensellers steht ihm ein Teil der Verkaufseinnahmen zu.

Der steinige Weg einer legendären Frau

Nur über den Hintereingang darf sie das Institut betreten. Denn Frauen sind hier offiziell noch nicht zugelassen. Doch dies war nur eine von vielen Hürden, die Lise Meitner überwinden musste. Obwohl sie eine überdurchschnittliche Schülerin ist, darf Lise Ende des 19. Jahrhunderts in Wien nur eine Bürgerschule, nicht aber das Gymnasium besuchen. Dies ist den Jungs vorbehalten.

So muss sie mit finanzieller Unterstützung ihrer Eltern ein »externes Abitur« mit teurem Hauslehrer machen. Gegen viele Widerstände studiert sie Mathematik, Physik und Philosophie – und promoviert sogar. Sie ist erst die zweite Frau an der Wiener Universität, die »Frau Doktor« wird.

1907 geht sie nach Berlin, um beim berühmten Physiker Max Planck zu lernen. Doch auch hier hat sie Pech. Die Immatrikulation ist für Frauen noch nicht möglich, sie wird nur als Gasthörerin geduldet.

Und als sie danach am Kaiser-Wilhelm-Institut forscht, darf die brillante Physikerin das Gebäude tatsächlich nicht durch den regulären Eingang betreten. Geld erhält sie für ihre Forschungsarbeit auch keines, erst 1912 bekommt sie eine Stelle als Assistentin. Sie trifft dort auf den jungen Chemiker Otto Hahn, mit ihm wird sie die kommenden 30 Jahre lang eng zusammenarbeiten.

1913 wird Lise Meitner von Max Planck aufgrund ihrer herausragenden Arbeit in der Forschungsabteilung für Radioaktivität des altehrwürdigen Kaiser-Wilhelm-Instituts zum wissenschaftlichen Mitglied ernannt. Gemeinsam mit Otto Hahn entdeckt sie das chemische Element Protactinium und untersucht die Alpha-, Beta- und Gammastrahlung.

1922 wird in der Zeit der Weimarer Republik aus »Frau Doktor« sogar »Frau Professor«. Das Blatt scheint sich zum Guten zu wenden. Lise Meitner darf Vorlesungen halten, wird Abteilungsleiterin, darf intensiv auf dem Gebiet der Radioaktivität forschen und wird dafür auch noch gut bezahlt.

Doch 1933 kommen die Nationalsozialisten an die Macht. Unter der NSDAP sind Frauen, zumal jüdische Frauen, auf wichtigen Posten verpönt. Sie verliert ihre Lehrerlaubnis. 1938 wird sie durch den Anschluss Österreichs deutsche Staatsbürgerin und ist als Jüdin jetzt endgültig in Lebensgefahr. Sie flüchtet nach Schweden und arbeitet dort unter schwierigen Bedingungen am Nobel-Institut. Dort hat man nicht gerade auf die deutsche Physikerin gewartet. Neid und Missgunst prägen das Arbeitsklima. Sie bekommt nur die nötigsten Ressourcen und kann sich von ihrer Anstellung nur ein kleines Zimmer in Stockholm leisten. Doch mit ihrem Kollegen Otto Hahn und seinem Assistenten Straßmann bleibt sie in engem Kontakt.

So schreibt ihr der Chemiker im Dezember 1938 auch von seinen Versuchen mit Uran und Thorium. Das Uran-239 »zerplatzt« beim Beschuss mit Neutronen, er kann sich dies aber nicht so recht erklären. Daher bittet er Lise Meitner um ihre Einschätzung. Die theoretische und mathematische Deutung liefert sie ihm detailliert per Post. Gemeinsam mit ihrem Neffen Otto Robert Frisch legt sie mit ihren wissenschaftlichen Erläuterungen die Grundlage für die spätere Nutzung der Kernenergie. Auch der Begriff Kernspaltung wird von ihr geprägt.

Die beim »Zerplatzen«, also der Spaltung des Atomkerns, freigesetzte Energie ist so groß, dass schon eine geringe Menge des richtigen Materials als extrem leistungsfähige Energiequelle dienen könnte – oder als eine verheerende Waffe. Auf Basis der Forschungsergebnisse von Hahn und Meitner folgen Atomkraftwerke und Atombombe. Die wohl größten Auswirkungen der Wissenschaft auf die Menschheit im 20. Jahrhundert.

Den Ruhm dafür erhält nur Otto Hahn: 1944 wird er für die Entdeckung der Kernspaltung mit dem Nobelpreis für Chemie ausgezeichnet. In seiner 15-minütigen Dankesrede bei der Preisverleihung erwähnt er Lise Meitner kein einziges Mal.

Danach wird Nobelpreisträger Hahn neuer Chef des angesehenen Max-Planck-Instituts. Wissenschaftliche Einrichtungen, Schulen, Straßen, Brücken und Plätze in ganz Europa werden nach ihm benannt. Es gibt Auszeichnungen, Medaillen und Briefmarken, die seinen Namen und sein Konterfei tragen. Hochdekoriert stirbt er im Jahr 1968.

Auch Lise Meitner ist Kandidatin für den Nobelpreis. Doch die Komitees für Physik und Chemie finden immer wieder fadenscheinige Gründe, ihr den Preis nicht zu verleihen.

So wird Lise Meitner insgesamt 48 Mal für den Nobelpreis vorgeschlagen, die wichtigste wissenschaftliche Auszeichnung erhält sie nie.

Der »König der Athleten«, der zum »Depp der Nation« wurde

Silber. Immer nur Silber. 1982 bei der Europameisterschaft: Silber. 1983 bei der Weltmeisterschaft: Silber. 1984 bei Olympia: Silber. Und auch wieder 1986 bei der EM nur der zweite Platz. Jürgen Hingsen war es so leid. Der Zehnkämpfer wollte endlich einmal ganz oben auf dem Siegertreppchen stehen. 1988 bei den Olympischen Spielen in Seoul sollte es endlich klappen. Der 2,03 Meter große Modellathlet war eigentlich der beste Zehnkämpfer der Welt. Drei Weltrekorde hatte er schon aufgestellt. Aber leider immer nur bei kleineren Sportfesten. Aber jetzt war die Zeit reif für den Griff nach Gold. Und für den ersten Sieg über seinen Dauerrivalen Daley Thompson aus Großbritannien. Noch nie konnte Hingsen ihn besiegen. Aber Titelverteidiger Thompson war im Frühjahr 1988 verletzt gewesen und hatte Trainingsrückstand. Daher gilt der Duisburger als Gold-Favorit.

Jürgen Hingsen ist nicht irgendein Leichtathlet, er ist *der* Glamourboy Nummer eins in Deutschland. Als muskulöser Strahlemann ist er regelmäßig in TV-Shows, Promizeitschriften und sogar im Kino zu sehen. Auf dem *Stern*-Titelbild wird Hingsen sogar als Herkules mit Goldstaub überdeckt abgebildet. Deutschland liebt den sympathischen Schnauzbartträger. Und so blickt die ganze Nation im September 1988 nach Seoul, wo der Leichtathletikstar seine glänzende, aber unvollendete Karriere endlich mit Gold krönen will.

Die erste Disziplin ist der 100-Meter-Lauf. Mit einer guten Leistung will Hingsen die Konkurrenz schocken. Den Wettkampf von vorn dominieren. Unbedingt unter 11 Sekunden bleiben. Der Deutsche bekommt Bahn eins zugelost, die Innenbahn. Die acht Läufer gehen an den Start.

Erster Startversuch: Hingsen geht in den Startblock. Konzentration. Warten auf das Startsignal. Da kommt eine Windböe von vorn. Hingsen reagiert instinktiv. Er schießt als Erster aus dem Startblock und sprintet nach vorn. Ein weiterer Schuss aus der Startpistole signalisiert: Fehlstart. »Mit Gegenwind wäre eine gute Zeit unmöglich gewesen. Also lief ich beim ersten Mal bewusst raus«, sagt Hingsen später der Zeitschrift *No Sports*. Kein Problem. Es kommt zum Neustart.

Zweiter Startversuch. Wieder schießt Hingsen als Erster aus den Startblöcken. Wieder fallen zwei Schüsse vom Starter. Der zweite Fehlstart. Nervosität legt sich über das Publikum und über die acht Zehnkämpfer. Jetzt ist klar: Wenn Hingsen noch einen Fehlstart verursacht, ist der Favorit raus. Denn nach dem dritten Fehlstart wird der Verursacher disqualifiziert. Was soll Jürgen Hingsen jetzt machen? Vorsichtig sein? Warten? Dann gefährdet er die Topzeit, die er braucht für seine Gold-Mission. Also geht er auch beim dritten Startversuch ins Risiko. Will direkt mit dem Schuss aus den Blöcken kommen. Das hat er ja auch schon viele Hundert Mal geschafft. Er ist mit seinen 30 Jahren ein erfahrener Athlet.

Dritter Startversuch. Stille im Stadion. Es geht wieder in die Startblöcke für Jürgen Hingsen und seine sieben Kontrahenten in diesem Lauf. Dann auf Koreanisch die Worte des Starters: »Auf die Plätze … fertig …« Mit dem Startschuss starten drei, vier Athleten zeitgleich aus den Blöcken. Wieder wird das Rennen gestoppt. Es gibt wieder einen Fehlstart. Für das menschliche Auge nicht zu erkennen. Aber erstmals sind die Startblöcke elektronisch erfasst. Wer zuerst Druck auf den Startblock ausübt, wird auf die Millisekunde genau erfasst. Die Technik ist umstritten, da sie noch als fehleranfällig gilt. Und es ist wieder Jürgen Hingsen. Der Topfavorit wird disqualifiziert. Denn er hat sich um einen Wimpernschlag zu früh aus dem Startblock bewegt. Der ewige Zweite wollte endlich einen Titel gewinnen, Olympiasieger werden. Aber er scheitert. An seinen Nerven und – vermutlich – an der Technik.

Jürgen Hingsen im *No-Sports*-Interview: »Ich war nach Südkorea gekommen, weil ich mir Gold zutraute. Ich wollte nicht wieder als Zweiter nach Hause fahren. Außerdem hatte ich intensiv auf Start trainiert … Einige Kollegen meinten später, der letzte Fehlstart sei gar nicht von mir verursacht worden. Aber zu einer Beschwerde fühlte ich mich nicht mehr in der Lage.«

Jürgen Hingsen wird bereits bei der ersten Disziplin des Olympiazehnkampfs in Seoul disqualifiziert. Er gewinnt nie einen internationalen Titel. Auch wegen eines Wimpernschlags, den der Pechvogel 1988 zu früh gestartet ist.

Der Flugpionier ohne Fortune

Fliegen. Der wohl älteste Traum der Menschheit. Möglich gemacht haben dies – in moderner Form – Orville und Wilbur Wright. Sie gelangten damit 1903 zu Weltruhm. Doch zwei Jahre vor dem weltberühmten Gebrüderpaar scheitert ein anderer, weitgehend unbekannter Flugpionier in Wien mit viel Pech knapp am ersten Motorflug der Welt.

Wilhelm Kreß ist Klavierstimmer und -bauer von Beruf, aber seine große Leidenschaft gilt dem Traum vom Fliegen. 1877 bringt er den ersten frei schwebenden Drachenflieger auf den Weg. Angetrieben wird er durch verdrehte Gummibänder. Aber er will mehr. Er will Menschen in die Luft heben durch ein motorgetriebenes Fluggerät. Das gilt zu dieser Zeit als unmöglich. Kreß entwickelt und baut unzählige Modelle, investiert sein ganzes Geld in sein Vorhaben. Er arbeitet wie ein Besessener. Und entwickelt dabei den ersten Steuerknüppel der Welt für Flugzeuge. Aber er vergisst, seine Idee zum Patent anzumelden. So wird der Flugzeug-Joystick offiziell dem Franzosen Robert Esnault-Pelterie zugeschrieben. Er hat ihn sieben Jahre nach der Erfindung von Kreß patentieren lassen.

24 lange Jahre forscht und bastelt Kreß. Dann ist es endlich so weit: Der »Kreß'sche Drachenflieger« ist fertig. Ein Wasserflugzeug. Mit zwei Propellern und drei hintereinanderliegenden Tragflächen. Aber ein Teil fehlt noch. Das wichtigste: der

Motor. Kreß beauftragt Firmen in Österreich, doch die lehnen ab. Zu viele Probleme. Denn der Motor darf maximal 200 Kilogramm wiegen und muss mindestens 30 PS liefern.

Die Zeit wird knapp, das Geld auch. Er wendet sich gen Deutschland und hat zunächst Glück. Die Daimler-Motoren-Gesellschaft in Cannstatt nimmt den Auftrag an. Doch die Lieferung verspätet sich – und der Motor wiegt 380 statt der geforderten 200 Kilogramm. Der öffentliche Druck auf Kreß ist groß, sogar Kaiser Franz Joseph hatte ihn finanziell beim Bau unterstützt. So entschließt er sich dazu, den übergewichtigen Motor dennoch einzubauen.

Der Morgen des 3. Oktober 1901 bricht an. Wilhelm Kreß klettert in seinen Drachenflieger. Er wirft den Motor an. Die Maschine gleitet aus dem Hangar auf den Wienerwaldsee. Es wird der mittlerweile vierte Flugversuch. Der Drachenflieger wiegt über 800 Kilogramm statt der berechneten 600. Er wird nicht wirklich fliegen, das weiß Kreß. Dafür ist das Fluggerät zu schwer. Aber vielleicht etwas abheben von der Wasseroberfläche. Als Beweis, dass er recht hat. Dass Menschen in einem Motorflugzeug fliegen können. Das ist seine Hoffnung. Kreß betätigt das Gaspedal. Er beschleunigt, aber statt der 30 PS werden nur rund 15 PS Leistung abgerufen. Er ist zu langsam, um zu fliegen. Aber schnell genug, um Probleme beim Bremsen zu bekommen. Der Kreß'sche Drachenflieger knallt an die Staumauer. Die Maschine zerschellt und sinkt auf den Boden des Sees. Mit Mühe rettet sich der mittlerweile 62-jährige Kreß aus den Trümmern an Land. Er ist gescheitert.

Zwei Jahre später gelingt den Brüdern Wright in Amerika der erste Motorflug der Welt.

Das unsinkbare Titanic-Opfer

Laut *Spiegel Online* ist sie zugleich ganz oben auf der Liste der »größten Pechvögel« und der »größten Glückspilze« der Schifffahrtsgeschichte.

Violet Jessop wird als ältestes von neun Kindern einer irischen Auswandererfamilie in Argentinien geboren. Doch schon ein paar Jahre später erkrankt ihr Vater schwer. Die Familie kehrt nach Großbritannien zurück. Die größten Schiffe der Welt werden zu dieser Zeit in Liverpool und Belfast gebaut, die Seefahrt boomt. Violet beschließt nach der Schule, als Stewardess auf diesen Luxuslinern zu arbeiten. Mit 22 Jahren heuert sie bei der renommierten White Star Line an.

Nach dem Stapellauf des Luxusliners RMS *Olympic* ist sie hier für das Wohl der betuchten Gäste zuständig. Am 20. September 1911 kollidiert die *Olympic* im Ärmelkanal vor der Isle of Wight mit dem britischen Kriegsschiff *Hawke*. Der Kreuzer wird in den Sog des Ozeanriesen gezogen. Das Bug der *Hawke* reißt die Seitenwand der *Olympic* meterlang auf. Die Innenkammern laufen mit Wasser voll. Der 270 Meter lange Gigant mit seinen 45 000 Bruttoregistertonnen droht zu sinken. Mit viel Mühe gelingt es Kapitän Edward John Smith, das Schiff in den Hafen von Southampton zu manövrieren. An Bord: Violet Jessop.

Die *Olympic* ist schwer beschädigt. Die Reparaturarbeiten dauern mindestens drei Monate. Violet bemüht sich in dieser Zeit um einen Job auf dem *Olympic*-Schwesterschiff: der *Titanic*.

Die attraktive Brünette ist am 10. April 1912 eine von 23 Frauen unter den 900 Besatzungsmitgliedern auf der Jungfernfahrt der *Titanic* vom englischen Southampton nach New York. Chef an Bord des Schiffs ist der einstige *Olympic*-Unglückskapitän Edward John Smith. Die mittlerweile 24-jährige Violet Jessop ist zuständig für zwölf Kabinen und deren weibliche Passagiere in der ersten Klasse. Koffer tragen, Blumenbouquets anrichten, Besorgungen machen. Bis zum Abend des 14. April.

Die *Titanic* kollidiert mit einem Eisberg. Violet liegt bereits schlafend in der Kabine. Aufgeschreckt von Unfall und Lärm, stürzt die Irin aufs Oberdeck. Bei der schleppend laufenden Evakuierung soll sie sogleich Passagieren helfen, die kein Englisch sprechen. Die *Neue Osnabrücker Zeitung* schreibt 2012 zum 100. Jahrestag der Katastrophe: »Eigentlich sollten erst alle Passagiere ausgebootet werden, bevor Mitglieder der Crew einsteigen. Da wirft ihr der Sechste Offizier James Paul Moody ein Baby zu und fordert sie auf, sie solle gut darauf aufpassen. Das Boot wird zu Wasser gelassen, und Violet drückt das wimmernde Bündel fest an ihre Korkweste.«

Fast fünf Stunden treibt Rettungsboot Nummer 16 im Eismeer, bevor die *Carpathia* die Schiffbrüchigen aufnimmt. Über 1500 der 2200 Menschen an Bord der *Titanic* kommen ums Leben. Die junge Violet überlebt zum zweiten Mal ein Schiffsunglück.

Vier Jahre später, 1916, tobt der Erste Weltkrieg in Europa. Violet Jessop ist mittlerweile Krankenschwester. Ihr Arbeitsplatz: das Schwesterschiff von *Olympic* und *Titanic*, die *Britannic*. Mit doppelter Rumpfhülle, einem Rettungsplatz für jeden Passagier und riesigen elektrischen Kränen zum Wassern der Rettungsboote gilt sie als das sicherste Schiff ihrer Zeit. Während des Krieges wird sie als Lazarettschiff eingesetzt. Durch einen weißen Anstrich mit einem grünen Längsstreifen und zahlreichen Rot-Kreuz-Symbolen ist sie von weit her als Hospitalschiff zu erkennen. Von den Kriegsschauplätzen im Mittelmeer transportiert die *Britannic* Verwundete zurück in die Heimat. An Bord pflegen Ärzte und 77 Krankenschwestern wie Violet Jessop die Kriegsopfer.

Am Morgen des 21. November 1916 ist die *Britannic* auf dem Weg in die Ägäis. Kapitän Charles Alfred Bartlett steuert das 270 Meter lange Schiff durch den Kanal von Kea in Richtung Griechenland. Da ertönt ein dumpfer Knall. »Ein Beben erschüttert das Schiff von einem Ende bis zum anderen«, erinnert sich Violet in ihrem Buch *Titanic Survivor*. Es ist auf eine deutsche Seemine aufgelaufen. Sofort wird die *Britannic* geräumt.

Violet Jessop sitzt in einem der ersten beiden Rettungsboote, die zu Wasser gelassen werden. Doch diese sind unerlaubt bei noch laufenden Maschinen abgelassen worden. Die durch die *Titanic*-Katastrophe geprägte Violet weiß, »am sichersten ist es im Rettungsboot«. Aber dies gilt hier und heute nicht. Die immer noch arbeitenden Schiffsschrauben ziehen das kleine Rettungsboot in ihren Sog – und zermalmen es binnen Sekunden. Erst im letzten Augenblick springt Violet ins Mittelmeer. Von anderen Schiffbrüchigen wird sie entdeckt und in ein Rettungsboot gezogen.

Zum dritten Mal in nur fünf Jahren überlebt Violet Jessop die Havarie eines Schiffs der legendären *Olympic*-Klasse.

Wer nun denkt, von Schiffen und Wasser hat sie genug, der irrt. Die gläubige Katholikin fährt fast 40 Jahre weiter zur See. Erst 1950 geht sie in den Ruhestand. Drei Mal ist sie nur knapp dem Tod entgangen. Sie überlebt die *Olympic*-Havarie, den Untergang der *Titanic* und die *Britannic*-Katastrophe. Und das alles als Nichtschwimmerin.

Der unvollendete Fußballstar

»Pechvogel Marco Reus« Diese Wortkombination ergibt bei Google über 1400 Ergebnisse. Kein anderer deutscher Fußballstar kommt da heran. Michael Ballack, der in seiner Karriere auch schwere Schläge hinnehmen musste, kommt auf 54 Ergebnisse. Mario Götze liefert 56 Treffer, Manuel Neuer kommt auf 19.

Selbst dem Fußballlaien wird klar: Dieser Marco Reus muss wirklich ein Unglücksrabe sein. Obwohl millionenschwerer Fußballstar, Liebling der Massen und – logisch – deutscher Nationalspieler. Doch die Fußballnationalmannschaft und Marco Reus, das will vom ersten Tag an nicht wirklich zusammenpassen.

Im Mai 2010, kurz vor der Fußball-WM in Südafrika, wird der Mittelfeldspieler zum ersten Mal von Bundestrainer Joachim »Jogi« Löw nominiert. Es geht gegen Malta und der Shootingstar von Borussia Mönchengladbach könnte sein Debüt in der DFB-Elf geben. Doch er muss verletzungsbedingt absagen. So verpasst er auch die Chance, noch in den WM-Kader zu kommen. Die Weltmeisterschaft mit Platz drei für Deutschland muss sich der 21-Jährige auf der Couch vor dem Fernseher ansehen.

Gleich nach der WM die nächste Chance. 11. August 2010, Länderspiel gegen Dänemark. Wieder muss er sich kurz vorher abmelden. Gleiches passiert insgesamt fünfmal in Folge. Eine Zerrung, eine Schambeinentzündung oder eine profane Grippe – stets wird Marco Reus von seinem Körper gestoppt. Die Berufung in die Nationalelf ist scheinbar gesundheitsgefährdend für den Gladbacher Jungstar.

Erst am 7. Oktober 2011, fast anderthalb Jahre nach der ersten Nominierung, kommt es zur Premiere von Marco Reus im Trikot der deutschen A-Nationalmannschaft. Beim 3:1-Sieg gegen die Türkei wird er in der 90. Minute eingewechselt. Eine ganze Nation atmet auf, 18 Monate Pechsträhne scheinen vorbei. »Reus ist jetzt endlich Nationalspieler«, steht es zum Beispiel als Schlagzeile in der *Rheinischen Post*.

Reus spielt jetzt öfter, er nimmt sogar an der EM 2012 teil. Spielen darf er hier aber nur einmal in der Startelf, im Viertelfinale gegen Griechenland. Aber nun kommt seine große Zeit. Reus wechselt zu Topteam Borussia Dortmund, zeigt Woche für Woche starke Leistungen. Das Fachmagazin *Kicker* attestiert ihm in seiner jährlichen Hitliste 2013 und 2014 »Weltklasse-Leistungen«. Sportjournalisten wählen ihn zum Fußballer des Jahres, die Profikicker zweimal zum besten VDV-Spieler der Saison, der BVB-Star erzielt dazu dreimal das »Tor des Monats«. Marco Reus ist binnen weniger Jahre zum wichtigen Leistungsträger bei Borussia Dortmund und in der Nationalelf geworden. Und 2014 will Reus endlich seine erste WM spielen.

Mai 2014. Die DFB-Elf bereitet sich auf die anstehende Fußballweltmeisterschaft in Brasilien vor. Formstärkster Spieler seit Wochen: Marco Reus. Das beweist er auch hier. »Er hat im Trainingslager und im Testspiel gegen Kamerun einen hervorragenden Eindruck hinterlassen, hat vor Spielfreude gesprüht«, lobt Bundestrainer Löw. Doch im letzten Testspiel gegen Armenien wenige Tage vor der WM passiert es. Ein harmloser Zweikampf kurz vor der Halbzeit. Reus bleibt mit schmerzverzerrtem Gesicht liegen. Diagnose: Teilriss des vorderen Syndesmosebandes oberhalb des linken Sprunggelenkes, mindestens sieben Wochen Pause. Erneut muss er die WM vor dem Fernseher verfolgen. Und muss zusehen, wie seine Teamkameraden ohne ihn Weltmeister werden. Sein Dortmunder Freund und Mannschaftskollege Mario Götze erzielt das goldene Tor zum 1:0-Finalsieg – und hält nach dem Spiel ein Reus-Trikot in die TV-Kameras.

Jetzt kennt die ganze Welt das bittere Schicksal des Nationalspielers Marco Reus.

Und auch in den Folgemonaten wird es nicht besser. Im September 2014 zieht er sich beim Länderspiel gegen Schottland einen Außenbandteilriss im linken Sprunggelenk zu. Wieder fällt er wochenlang aus. Er verpasst die wichtigen EM-Qualifikationsspiele gegen Polen und Irland.

Als er gerade wieder genesen ist, folgt am 9. November 2014 der nächste Rückschlag. Bänder- und Sehnenzerrung und dazu ein Knochenödem im linken Sprunggelenk. Er verpasst die Länderspiele gegen Gibraltar und Spanien. 2015 bricht er sich den Zeh. Reus muss die Länderspiele gegen Polen und Schottland absagen. Die DFB-Elf ist jedoch auch ohne ihn erfolgreich. Erste Zweifel kommen auf, ob er es je zurück in die Nationalelf schafft. Doch Reus ist ehrgeizig und erkämpft sich in den Folgemonaten wieder einen Stammplatz bei Bundestrainer Joachim Löw. 2016 steht die Europameisterschaft an, hier will er endlich glänzen, endlich einen Titel gewinnen.

Am 31. Mai, seinem 27. Geburtstag, kommt jedoch das EM-Aus für Marco Reus. Eine schwere Schambeinentzündung. »So was zieht sich richtig lange hin. Das kann man eigentlich nur aussitzen, selbst Fahrradfahren ist da meist zu viel«, so Orthopäde Lars Witthöft im *Stern*. Tatsächlich fällt Marco Reus 175 Tage aus, also fast ein halbes Jahr lang. Nach der WM 2014 verpasst er kurz vor Turnierbeginn auch die EM 2016.

Aber der leidgeprüfte Fußballer feiert im November 2016 mit zwei Toren beim 8:4-Sieg in der UEFA Champions League gegen Legia Warschau ein viel umjubeltes Comeback. Mit Borussia Dortmund erreicht er das DFB-Pokalfinale 2017. Endlich läuft es wieder bei Reus.

Und im Sommer steht der Confed Cup, eine Art Mini-Weltmeisterschaft, in Russland an. Die Chance für Reus, endlich den Bundestrainer von seinen Turnierqualitäten zu überzeugen. Und die Chance, endlich einen internationalen Titel zu gewinnen. Doch kurz vor dem Pokalfinale sagt Reus dem Bundestrainer ab. Er brauche dringend eine echte Ruhepause nach all den Verletzungen der vergangenen Jahre. Löw akzeptiert und nominiert ihn nicht für das Turnier.

Der Mittelfeldspieler atmet auf. Nur noch ein Spiel, nur noch das Pokalfinale. Dann geht es in den Sommerurlaub. Echten Urlaub! Ohne Reha, Medikamente und Arztbesuche. Im DFB-Pokalfinale am 27. Mai 2017 gewinnt Reus mit Borussia Dortmund den ersten Titel seiner Profikarriere – und muss zur Halbzeit verletzt raus. Kreuzbandteilriss im rechten Knie, fünf Monate Pause!

Deutschland gewinnt vier Wochen später – ohne Reus – die »Mini-WM«, den Konföderationen-Pokal in Russland. Ein Jahr später scheint es zum Happy End für das Riesenfußball-talent Reus zu kommen: Topfit und ohne Verletzungen reist er mit der DFB-Elf für die Titelverteidigung zur Fußballwelt-meisterschaft nach Russland. Er bestreitet tatsächlich auch al-le Spiele der deutschen Nationalmannschaft. Doch es sind nur drei Stück: Blamabel scheidet Deutschland zum ersten Mal in seiner Fußballgeschichte schon in der Vorrunde einer WM aus. Für seine Leistung bei der entscheidenden 0:2-Niederla-ge gegen Südkorea vergibt das Fachblatt *Kicker* für Reus die Note 5,5. Kein deutscher Spieler wird schlechter benotet. Ob-wohl das deutsche Team kollektiv versagt, konzentriert sich alles auf Marco Reus. Statt umjubelter Weltmeister wird der tragische Superstar bei seiner ersten WM-Teilnahme für Fans und Presse der Hauptschuldige am deutschen WM-Debakel. Zwei Jahre später möchte Reus dann bei der EM 2020 endlich glänzen und einen Titel mit der Nationalelf holen. Mit 31 Jah-ren ist er im besten Fußballeralter. Doch auch diesmal verfolgt ihn das Pech. Erst gefährdet eine Muskelverletzung Anfang des Jahres seine EM-Teilnahme. Und dann, kurz vor seinem Comeback, wird wegen des Coronavirus die Fußballsaison gestoppt. Und die Fußballeuropameisterschaft abgesagt – und um mindestens ein Jahr verlegt.

Der überflüssige Rockstar

Musik machen bedeutet vor allem Spaß haben. Dies gilt auch für Rockmusiker. Jede große Rockband beginnt mit gemeinsam abhängen, gemeinsam feiern und natürlich gemeinsam musizieren. Meist in genau dieser Reihenfolge. Doch diese Band ist da etwas anders. Feiern und Abhängen gehören auch für Angus und Malcolm Young dazu. Aber sie sind ehrgeizig und wollen AC/DC unbedingt zu einer erfolgreichen Rockband machen. Sie wollten es ihrem älteren Bruder George Young gleichtun, der mit den Easybeats großen Erfolg hatte. Per Zeitungsanzeige suchen die Businessrocker ihren ersten Sänger. Dave Evans bewirbt sich und wird im Herbst 1973 Sänger bei den australischen Hardrockern. Mit ihm ist AC/DC endlich komplett.

Den ersten Auftritt hat die Band in einem Klub in Sydney am Silvesterabend 1973. Bereits sechs Wochen später, im Februar 1974, wird die erste AC/DC-Single »Can I Sit Next to You, Girl?« aufgenommen. Sänger ist Dave Evans. Die Platte erscheint im Juli 1974 in Australien und Neuseeland und kommt auf Anhieb in die Charts. Zwischen Studioaufnahme und Veröffentlichung geht AC/DC fleißig auf Tour und spielt unzählige Konzerte.

In Adelaide trifft die junge Band auf einen deutlich älteren Musiker. Bon Scott hängt mit der Band ab und hilft den Roadies bei Auf- und Abbau. Noch weiß niemand, ob die AC/DC-

Single gut ankommt und ob die Band erfolgreich sein wird. Doch neben all dem Feiern und dem Alkohol nach den Shows ist Disziplin für die Young-Brüder wichtig. Und damit nimmt es Dave Evans zu dieser Zeit nicht ganz so genau. Er schwänzt einige Termine. Entsprechend kommt es zum Streit zwischen ihm, den Young-Brüdern und Manager Dennis Laughlin. Dazu kommt der Wunsch nach einer neuen optischen und musikalischen Ausrichtung. Seine jugendlich laxe Art und sein Klamottenstil werden ihm zum Verhängnis.

»Wir spielten in einem Pub in Melbourne. Dave sah in seinen Klamotten, die er unbedingt tragen wollte, aus wie Gary Glitter, es war zum Schreien … Die biersaufenden Typen hatten ihn auf dem Kieker, also sagten wir ihm, er solle sich mal die Beine vertreten gehen. Wir spielten dann irgendeine Boogie-Nummer und der ganze Laden war am Kochen. Danach wussten wir, dass wir diesen Sänger nicht brauchten«, so Angus und Malcolm Young 2003 in einem Interview mit Dave Ling.

AC/DC kann ihn aber nicht sofort feuern, denn die Band hat zahlreiche Konzertverpflichtungen bis Herbst 1974. Es gibt quasi eine Kündigungsfrist für Dave Evans. Er ist raus, muss aber noch die kommenden Konzerte mit der Band absolvieren. Entsprechend frostig ist die Stimmung. Aber Evans ist nicht das einzige Bandmitglied, das in dieser Zeit gehen muss. »Als ich aus der Band austrat, verschlissen sie gerade ihren dritten Bassisten, ihren dritten Drummer und den dritten Manager«, zitiert ihn Buchautor Mick Wall in *AC/DC – Die Bandgeschichte*.

Wer nicht spurt, fliegt raus. Laut der Zeitschrift *Metal Hammer* lautet das Bandcredo: »AC/DC sind keine Spaßtruppe,

sondern Business.« Zu viel Alkohol vor dem Konzert, man-
gelnde musikalische Qualität oder andere Unstimmigkeiten.
Danke und tschüs!

Einen weiteren finsteren Verdacht über sein Aus bei AC/DC
äußert Dave Evans: »Als erst mal alle anderen Gründungsmitglieder draußen waren, konnten sie allein Anspruch auf
den Namen AC/DC erheben, sodass sie die Rechte an allen
Merchandise-Artikeln besaßen und was da sonst noch alles
dranhängt. Und sie konnten Leute auf Gehaltsbasis einstel-
len … Nachdem ich weg war, waren von den ursprünglichen
Bandmitgliedern nur noch Angus und Malcolm übrig.«

Dave Evans' Nachfolger als Sänger wird im Oktober 1974 Bon
Scott. Mit ihm am Mikro wird aus der Glamrock-Band AC/
DC eine der erfolgreichsten Hardrock-Gruppen der Welt. Als
Bon Scott 1980 unter ungeklärten Umständen stirbt, hinter-
lässt er mit AC/DC Rock-Klassiker wie »Highway to Hell«.
Sein Nachfolger wird bis 2016 Brian Johnson. AC/DC wid-
men das erste Album mit Sänger Johnson dem verstorbenen
Bon Scott. »Back in Black« wird zum Megahit und mit 50 Mil-
lionen verkauften Exemplaren das erfolgreichste Album der
Bandgeschichte.

Dave Evans singt mäßig erfolgreich in weiteren Bands. Seine
Soloalben versieht er gern einmal mit dem Aufkleber »Mit-
gründer und erster Sänger von AC/DC«. Der Verkaufserfolg
ist auch hier überschaubar.

Der entscheidende Augenblick

120 Jahre sind eine lange Zeit. Seit 120 Jahren gibt es keinen griechischen Schwimmer, der bei Olympischen Spielen eine Medaille gewinnen konnte. Nur 1896 in Athen, bei den ersten Olympischen Spielen, gab es Gold für Griechenland im Schwimmen. Am 100-Meter-»Matrosenschwimmen« durften nur Matrosen der im Hafen von Piräus liegenden Kriegsschiffe teilnehmen. Nur drei Teilnehmer – allesamt Griechen – traten an. Somit gab es Gold, Silber und Bronze für die Hellenen bei diesem kryptischen Wettbewerb, der tatsächlich bis heute als offizielle Olympiadisziplin anerkannt wird. Jeder Sportexperte belächelt natürlich diesen dubiosen griechischen Olympiasieg.

Daher ruht am 16. August 2016 die Hoffnung eines ganzen Landes auf Spyros Gianniotis. Der Freiwasserschwimmer startet bereits zum fünften Mal bei Olympischen Spielen. Bislang ohne Medaillenausbeute. Doch er ist zweifacher Weltmeister über die olympische 10-Kilometer-Distanz. 2011 und 2013 sicherte er sich den WM-Titel. Somit ist er trotz seiner bereits 36 Jahre einer der Gold-Favoriten bei den Olympischen Spielen in Rio de Janeiro.

Der Marathonwettbewerb vor dem Strand der Copacabana klingt nach Sonne, Strand und dem friedlichen, netten Wettschwimmen junger Menschen. Doch die Freiwasserwettbewerbe haben es in sich. Hier gibt es im Gegensatz zum Beckenschwimmen keine eigenen Bahnen für jeden Schwimmer. Somit werden beim Kampf um die besten Positionen schon einmal die Ellenbogen ausgefahren und heimliche Tritte unter Wasser verpasst, um Gegner auf Distanz zu halten. Am Tag vor der Männer-Entscheidung wurde bei den Frauen im Kampf um Olympiasilber eine Athletin sogar kurz vor dem Ziel unter Wasser gedrückt, damit sie das Anschlagbrett über ihrem Kopf nicht erreicht.

Dies soll Spyros Gianniotis nicht passieren. Er ist der erfahrenste Schwimmer im Feld der 25 Athleten. Nach fast zwei Stunden und über 9,8 Kilometern ist das Feld immer noch dicht beisammen. Der erfahrene Langstreckenschwimmer Gianniotis setzt sich kurz vor dem Ziel von den Verfolgern ab. Er sprintet mit einer halben Körperlänge Vorsprung der Goldmedaille entgegen. Es ist das letzte Rennen seiner Karriere, und diese kann er jetzt mit dem ersehnten Edelmetall krönen. Ganz Griechenland fiebert vor dem Fernseher mit. Begeisterung bricht aus in Athen, Larisa oder Thessaloniki. Gianniotis hat nur noch 20 Meter vor sich, er führt klar vor dem Niederländer Ferry Weertman.

Doch als er das Ziel erreicht, vergisst Spyros Gianniotis, sofort das Anschlagbrett zu berühren. Er schwimmt unter dem Brett hindurch und hebt erst dann den Arm, um dort anzuschlagen. Er jubelt bereits über seinen vermeintlichen Olympiasieg. Der griechische Freibahnschwimmer ist zwar als Erster im Ziel. Aber der langsamere Niederländer Weertman klatscht vor Gianniotis ans Brett. Was nun? Die Jury muss entscheiden. Gewinnt der Schwimmer, der zuerst im Ziel ist – oder der Schwimmer, der zuerst an das Anschlagbrett schlägt? Nach dem Sichten der Bilder bei diesem Fotofinish entscheiden die

Richter: Beide Schwimmer sind mit 1:52:59,8 h zeitgleich. Gold geht aber an Weertman, weil er zuerst das Anschlagbrett berührte. Der »größte Pechvogel Olympias« (*Die Welt*) erringt nur Silber.

Mit 36 Jahren macht Spyros Gianniotis in seinem letzten Rennen die bittere Erfahrung: Nicht nur die körperliche, sondern auch die geistige Geschwindigkeit entscheidet über einen Olympiasieg.

Doch auf der anschließenden Pressekonferenz zeigt sich Gianniotis ohne jeden Groll: »Jeder einzelne Meter im Training, jeder einzelne Tag, jede einzelne Stunde – das alles hat sich in diesem perfekten Moment gelohnt. Dieses Rennen war das letzte meiner Karriere. So tritt man gerne von der Sportbühne ab.« Und ein Trost bleibt dem fairen griechischen Sportsmann: Spyros Gianniotis ist auch mit Silber der erste griechische Schwimmer mit einer Olympiamedaille seit 1896.

Der Blitzableiter von Virginia

Ein Forstbediensteter arbeitet beruflich bedingt oft im Freien. Sehr oft sogar. Doch was Roy Sullivan bei seinen Tätigkeiten unter freiem Himmel passiert, ist menschlich und sogar wissenschaftlich nicht zu erklären. Die Wahrscheinlichkeit, im Lotto zu gewinnen, ein Supermodel zu heiraten oder Gold im eigenen Garten zu finden, ist mathematisch höher als das, was ihm widerfahren ist. 1:16 Quadrillionen soll die Wahrscheinlichkeit betragen, sieben Mal im Leben vom Blitz getroffen zu werden. Und sieben Mal zu überleben. Doch genau das passiert Roy Sullivan aus Virginia.

Der 30-jährige Roy arbeitet als Ranger in einem US-Nationalpark, als seine unglaubliche Pechsträhne beginnt. Mit der Wahl seines Arbeitsplatzes begeht er vermutlich den ersten großen Fehler. Die Gegend um den Shenandoah-Park gilt als Gewitterregion. Sechs seiner sieben dokumentierten Blitzeinschläge treffen ihn bei der Arbeit.

Im April 1942 bricht ein Unwetter los. Roy Sullivan bringt sich in Sicherheit und klettert in den neuen Feuerwachturm. Dieser hat allerdings noch keinen Blitzableiter. Sieben, acht Blitze schlagen ein, Feuer bricht aus. Sullivan flüchtet vom Turm, kurz darauf trifft ein Blitz sein rechtes Bein. Verbrennungen und ein teilweise abgerissener Zeh sind die schmerzhaften Folgen.

Diese Symptome sind typisch für Blitzopfer: In wenigen Millisekunden ist der Blitzeinschlag mit mehreren Tausend Ampere Entladung vorbei. Weil die Haut den Strom schlecht aufnimmt, kommt es meist zum lebensrettenden Übersprung, genannt »Flashover«, in den Boden. Neun von zehn Blitzopfern überleben tatsächlich. Die meisten werden allerdings arbeitsunfähig – nicht so Roy Sullivan.

Er arbeitet weiter als Ranger und fährt im Juli 1969 an einem warmen Sommertag mit offenen Wagenfenstern in einem Lkw den Skyline Drive entlang. Ein Blitz schlägt in die Bäume am Straßenrand ein und trifft auch den Lkw von Sullivan. Autos sind eigentlich ein faradayscher Käfig und die Insassen somit sicher vor Blitzen. Wenn nicht die Fenster offen sind. Sullivan wird getroffen, verliert das Bewusstsein, seine Augenbrauen verschmoren und mit viel Glück kommt sein Lastwagen kurz vor einer Böschung zum Stehen.

Ein Jahr später passiert es bei ihm zu Hause. Sullivan arbeitet gerade im heimischen Garten, als ein Blitz in den Transformator einschlägt. Er trifft seine linke Hand und schleudert ihn durch die Luft. Ansonsten bleibt er diesmal unversehrt.

»Ich bin kein ängstlicher Mensch. Aber wenn ich in der Ferne Gewitterdonner höre, dann werde ich mittlerweile doch etwas unruhig«, erzählt Roy Sullivan in einem Interview nach seinem vierten Blitzeinschlag. Einschlag Nummer vier ereignet sich 1972 – natürlich wieder bei der Arbeit. Sullivan ist gerade im Kassenhaus des Loft-Mountain-Zeltplatzes. Es regnet, aber nichts deutet auf ein Gewitter hin. Doch plötzlich schlägt ein Blitz mit ohrenbetäubendem Donner direkt in das Kassenhaus ein. Seine Haare fangen Feuer, er kann die Flammen jedoch geistesgegenwärtig löschen und ersticken. Wie durch ein Wunder wird er wieder nur leicht verletzt.

Mittlerweile meiden ihn bei herankommenden Unwettern Freunde und Arbeitskollegen. Dafür interessieren sich Zeitungen und das Fernsehen für den »menschlichen Blitzableiter«. Auch das *Guinnessbuch der Rekorde* nimmt ihn 1972 in seine aktuelle Auflage auf: Roy Sullivan ist jetzt offiziell »der Mensch, der am häufigsten vom Blitz getroffen wurde«.

Schon ein Jahr später kann Pechvogel Sullivan seinen Rekord ausbauen: Bei einer Kontrollfahrt im Nationalpark braut sich ein Gewitter zusammen. Schnell versucht der leidgeprüfte Ranger, vor der dunklen Wolkenfront zu flüchten. Als er sich in Sicherheit wähnt, steigt er aus seinem Wagen – und wird vom Blitz getroffen. Sein ohnehin schon karges Resthaar gerät erneut in Brand.

Am 5. Juni 1976 kontrolliert er gerade einen Zeltplatz für Wanderer, als es passiert. Ein Blitz trifft ihn in die Ferse.

Ein Jahr später geht Roy Sullivan in Rente. Endlich Ruhe vor den Gewitterwolken über dem Shenandoah-Nationalpark. Endlich Freizeit. Er zieht mit seiner Frau in eine kleine Gemeinde, um viel Zeit für sein Hobby Angeln zu haben. Und so ist er am 25. Juni 1977 auf einem Angelausflug, als er zum siebten Mal von einem Blitz getroffen wird. Er wird mit Brandwunden an Bauch und Brust ins Krankenhaus eingeliefert. Dass ihn kurz nach dem Blitzschlag auch noch ein Braunbär angegriffen hat, ist nur eine weitere unglaubliche Randgeschichte im unglaublichen Leben von Roy Sullivan.

Staunend betrachten auch Experten wie Buchautor John Friedman das Leben des siebenmaligen Blitzopfers Sullivan. Auch wenn sie einwenden, so selten seien Blitzeinschläge bei Menschen nicht. In den USA werden jährlich rund 300 Menschen Opfer von Blitzen, in Deutschland sind es jährlich bis zu 50 Personen. Es gibt in den USA sogar mit dem LSESSI einen Verein der »Überlebenden von Blitzeinschlägen«. 1400 Mitglieder in aller Welt hat dieser exklusive Klub.

Roy Sullivan lebt nach den sieben Blitzeinschlägen und dem überstandenen Bärenangriff noch viele Jahre weiter. Er nimmt sich 1983 im Alter von 71 Jahren, vermutlich aus Liebeskummer, das Leben.

»Der, der immer verliert«

Zehn lange Jahre musste er warten, dann kommt endlich die ersehnte Nachricht. Er ist für den Oscar 2017 nominiert. Der Tontechniker Kevin O'Connell setzt sich umgehend hin und formuliert eine Dankesrede. Für den Fall des Falles, denn man weiß ja nie. Zur Inspiration öffnet er laut *NBC News* eine Schublade, denn dort lagern sage und schreibe 20 verschiedene Dankesreden, die er bereits geschrieben hat. Denn unglaubliche 20 Oscarnominierungen von 1984 bis 2007 hat Kevin O'Connell bereits bekommen. 20 Nominierungen für die »beste Tonmischung«. Doch er hat nie die goldene Trophäe gewonnen. Damit ist Pechvogel Kevin O'Connell der größte Verlierer Hollywoods.

1984 startet seine Pechsträhne. Erst vier Jahre arbeitet der damals 26-Jährige überhaupt als Tontechniker beim Film. Seine Mutter war seinerzeit Sekretärin bei 20th Century Fox und verschafft ihm so einen Job im Sound Department der Filmfirma. Zuvor arbeitete O'Connell unter anderem als Feuerwehrmann in Los Angeles. Bei den Tonaufnahmen für Filme wie *Star Wars – Das Imperium schlägt zurück* dabei zu sein, war aber dann genauso aufregend – und weit weniger gefährlich. Als er seine Mutter fragt, ob die Filmbranche das Richtige für ihn sei, antwortet sie: »Streng dich an und eines Tages wirst du einen Oscar gewinnen.«

Und Kevin O'Connell strengt sich an, wird schon schnell einer der Besten seiner Zunft. Die erste Oscarnominierung folgt. *Zeit der Zärtlichkeit* gewinnt fünf Oscars, darunter als bester Film. In der Kategorie von O'Connell geht der Film jedoch leer aus. Macht ja nichts, schon im Folgejahr gibt es die nächste Nominierung für *Der Wüstenplanet*. Gewinner ist wieder ein anderer Sound-Kollege. Und so geht es über 20 Jahre munter weiter. Ob *Top Gun, Eine Frage der Ehre, Twister, Pearl Harbor* oder *Transformers*. Fast jährlich wird die Arbeit von Kevin O'Connell nominiert, »bester Tonmischer« wird er jedoch nie.

Und ist spätestens 2007 mit der erfolglosen Oscarnominierung Nummer 19 als Negativrekordhalter eine kleine, tragische Berühmtheit. »Ich bin halt der, der immer verliert«, erzählt er der Schweizer *SonntagsZeitung*. Aber »meine Mutter ist stolz, mich fast jedes Jahr beim Mittagessen der Oscarkandidaten begleiten zu dürfen. Für sie sind meine 19 Nominierungen ebenso wichtig geworden, wie ein Oscar selbst wäre.«

Natürlich geht O'Connell auch bei der 20. Nominierung 2008, für seine Arbeit beim Filmhit *Transformers*, leer aus. Und wird danach für lange Jahre nicht mehr nominiert. Doch die scheinbar unendliche Geschichte des Unglücksraben hat noch eine Wendung. Neun Jahre später ist er für die Tonmischung des Mel-Gibson-Films *Hacksaw Ridge – Die Entscheidung* wieder nominiert. Und: Am 26. Februar 2017 gewinnt Kevin O'Connell bei seiner 21. Oscarnominierung endlich die begehrte Goldstatue. Und endlich hat er seine Dankesrede nicht vergebens geschrieben. Einziger identischer Inhalt in allen 21. Reden: der Dank an seine Mutter Skippy. Sie verstarb

2007 und erlebte daher den Oscartriumph ihres Sohnes nicht mehr.

Oscarnominierungen von Kevin O'Connell

Zeit der Zärtlichkeit, **1984 (verloren gegen** *Der Stoff, aus dem die Helden sind*)

Der Wüstenplanet, **1985 (verloren gegen** *Amadeus*)

Silverado, **1986 (verloren gegen** *Jenseits von Afrika*)

Top Gun, **1990 (verloren gegen** *Platoon*)

Black Rain, **1990 (verloren gegen** *Glory*)

Tage des Donners, **1991 (verloren gegen** *Der mit dem Wolf tanzt*)

Eine Frage der Ehre, **1993 (verloren gegen** *Der letzte Mohikaner*)

Crimson Tide, **1996 (verloren gegen** *Apollo 13*)

Twister, **1997 (verloren gegen** *Der englische Patient*)

The Rock, **1997 (verloren gegen** *Der englische Patient*)

Con Air, **1998 (verloren gegen** *Titanic*)

Die Maske des Zorro, **1999 (verloren gegen** *Der Soldat James Ryan*)

Armageddon, **1999 (verloren gegen** *Der Soldat James Ryan*)

Der Patriot **2001 (verloren gegen** *Gladiator*)

Pearl Harbor, **2002 (verloren gegen** *Black Hawk Down*)

Spider-Man, **2003 (verloren gegen** *Chicago*)

Spider-Man 2, **2005 (verloren gegen** *Ray***)**

Die Geisha, **2006 (verloren gegen** *King Kong***)**

Apocalypto, **2007 (verloren gegen** *Dreamgirls***)**

Transformers, **2008 (verloren gegen** *Das Bourne Ulti-* *matum***)**

Hacksaw Ridge – Die Entscheidung, **2017 (gewonnen)**

Der eigene Trainer verhindert Olympiagold

In Holland kennt ihn jedes Kind, er verdient mit Werbeverträgen Millionen. Wenn der Eisschnellläufer einmal ein Rennen verliert, ist dies in Amsterdam oder Den Haag eine größere Meldung als ein weiterer Titel. Keine Frage, Sven Kramer ist kein klassischer Pechvogel. Er ist der erfolgreichste Eisschnellläufer des 21. Jahrhunderts. Und die Fans in seiner Eisschnelllauf-verrückten Heimat lieben ihn abgöttisch. Denn sportlich läuft bei ihm seit Jahren alles perfekt. Alles? Nein, nicht alles.

23. August 2010, Olympische Winterspiele in Vancouver. Die 10 000 Meter stehen an. Die Königsdisziplin der Eisschnellläufer. Seit mittlerweile vier Jahren hat der Mann aus Heerenveen kein Rennen mehr über seine Lieblingsdistanz verloren. Im Richmond Olympic Oval ist Sven Kramer der klare Gold-Favorit. Bereits über 5000 Meter ist er Olympiasieger geworden, jetzt will er seine Karriere mit der zweiten Goldmedaille krönen.

16 Teilnehmer in acht Läufen ermitteln den 10 000-Meter-Olympiasieger. Kramer ist als Letzter gegen den Russen Skobrew dran. Schnellster vor diesem Lauf ist der Südkoreaner Lee Seung-hoon.

10 000 Meter, das bedeutet 25 schier endlose Runden im Eis-
lauf-Oval. Stets im Wechsel von Innen- auf Außenbahn und
umgekehrt. Runde für Runde. Sven Kramer rast mit brennen-
den Oberschenkeln einer neuen Bestzeit entgegen. Und wird
dabei – wie bei allen Läufen – eng begleitet von seinem Trainer. Gerard Kemkers gibt ihm vor jedem Bahnwechsel seine
Zeiten durch. Gibt Kommandos, wie »schneller werden« oder
»Tempo halten«. Und er zeigt am Ende stets an, auf welche
Bahn Kramer jetzt wechseln muss.

Die Hälfte der Distanz ist erreicht, Konkurrent Skobrew liegt
hoffnungslos zurück. Nach 5000 Metern liegt Superstar Sven
Kramer erwartungsgemäß auf Goldkurs. Nach 6000 Metern
hat er bereits einen komfortablen Vorsprung von einigen
Sekunden erlaufen. Das Publikum mit vielen holländischen
Fans jubelt.

Dann kommt Runde 16. Kramer kommt von der Innenbahn
in den Wechselbereich. Er blickt kurz auf seinen Coach. Kemkers hält seine kleine Infotafel hoch, signalisiert »alles gut,
weiter so« – und zeigt anschließend auf die Innenbahn. Kramer zögert. Kommt er nicht gerade von der Innenbahn? Er
muss doch jetzt nach außen, oder? Sein Gefühl ist richtig, sein
Coach liegt falsch. Doch im letzten Moment entscheidet er
sich, auf seinen Trainer zu hören. Und damit wird Sven Kramer zum tragischen Pechvogel der Olympischen Winterspiele
2010. Alle in der Halle wissen sofort: Kramer wird disqualifiziert.

Auch Gerard Kemkers bemerkt seinen fatalen Fehler. Denn
jetzt laufen ja beide Läufer innen, wenn auch in großem Ab-
stand. Er fasst sich an den Kopf und sinkt in die Knie. In der

nächsten Runde muss er Kramer aus dem Rennen nehmen, ihn stoppen. Doch: Er traut sich nicht. So lässt Kemkers den armen Sven Kramer in seinem orange-schwarzen Rennanzug weiter Runde für Runde drehen. Beim Zieleinlauf wirft Kramer die Arme in die Höhe und jubelt. Bestzeit. 4 Sekunden schneller als Lee Seung-hoon. Olympiasieg! Seine Augen wandern zu den orange gekleideten niederländischen Fans.

Doch dort jubelt niemand. Er trifft auf Trainer Kemkers. Vier, fünf Worte ruft dieser seinem Topläufer zu. Es ist nur zu ahnen, was er ihm sagt. Direkt danach schleudert Kramer seine Brille auf den Boden. Er tritt mit seinen Kufen wütend in das Eis. Sein eigener Trainer hatte ihn um die sichere Goldmedaille gebracht. Im Interview nach dem Rennen lässt Kramer all seine Wut raus: »Verdammt noch mal, was für ein Arschloch. Ich bin stinksauer auf meinen Coach. Das Rennen lief eigentlich optimal, es war eines der besten meines Lebens.«

Als der Zorn etwas verraucht ist, entscheidet sich Kramer, am Trainer festzuhalten – und holt 2014 in Sotschi Olympiagold über die 10 000 Meter.

Die verhinderte Hauptstadt

Er ist eine echte Erscheinung. Kahlköpfig und mit großer Lei-
besfülle ist Walter Kolb im Nachkriegsdeutschland eine per-
sonifizierte Hoffnung auf bessere Zeiten. Der Sozialdemokrat
wird 1946 Oberbürgermeister in Frankfurt am Main. Der
Wiederaufbau der Stadt geht gut voran und 1948 bekommt
Kolb eine Jahrhundertchance direkt auf dem Silbertablett:
Frankfurt soll neuer Regierungssitz und de facto Hauptstadt
der Bundesrepublik Deutschland werden. Berlin ist aufgrund
seiner Lage mitten in der von Russen kontrollierten »Ostzo-
ne« aus dem Rennen. Und die Konkurrenten heißen Wiesba-
den, Celle, Bamberg, Oldenburg, Braunschweig, Kassel, Stuttgart und Bonn.

Leichtes Spiel für die hessische Metropole Frankfurt, denkt
sich Kolb. Und der pfiffige Bürgermeister schafft Fakten. Kolb
lässt Arbeiter bereits lange vor der endgültigen Entscheidung
über den deutschen Regierungssitz mit dem Bau eines großen Parlamentsgebäudes beginnen. Auch die Oper wird zügig
wieder aufgebaut. Regierungsbeamte und Politiker sollen ja
auch nach der Arbeit Hochkultur genießen können. Die Bot-
schaft an das Entscheidungsgremium, den Parlamentarischen
Rat, ist klar: Frankfurt ist bereit. »Wir haben einfach auf Vor-
rat gebaut«, sagt dazu der damalige Frankfurter Stadtkämme-
rer Ernst Gerhardt später in einem Interview des Hessischen
Rundfunks.

Am Ende läuft es auf Frankfurt oder Bonn hinaus. In Bonn tagt bereits der Parlamentarische Rat. Bonn hat jedoch keinen Flughafen, kein funktionierendes Ferngesprächstelefonnetz und nur einen Kleinstadtbahnhof.

Daher ist Frankfurt der große Favorit im Hauptstadtkrimi. Hier tagte die legendäre Nationalversammlung 1848. Hier wurde die schwarz-rot-goldene Fahne eines demokratischen deutschen Reichs erstmals gehisst. Dazu liegt Frankfurt in der Mitte Deutschlands und hat den größten Flughafen der Republik. Das Telefonnetz funktioniert und in Frankfurt sitzt der Wirtschafts- und Verwaltungsrat der Alliierten. Und die »Bank deutscher Länder«, steuert von hier aus die D-Mark-Einführung. Keine Frage, Frankfurt kann nicht verlieren.

So lässt der umtriebige Kolb bereits ein »Regierungsviertel« mit Behördenbüros ausweisen. Und Walter Kolb nimmt voreilig bereits eine Siegesrede beim heutigen Hessischen Rundfunk auf. »Ohne ein Gefühl des Triumphes über andere Städte« dankt er darin für die Wahl Frankfurts als Regierungssitz. Die Rede ist bis heute erhalten, wurde jedoch damals nicht veröffentlicht. Denn am 10. Mai 1949 kommt alles anders. Und Walter Kolb wird zum Opfer zweier Intrigen in der jungen Bundesrepublik Deutschland.

Mit einer fingierten Agenturmeldung sorgt Bonn-Befürworter Konrad Adenauer am Tag der Abstimmung dafür, dass auch die hessischen CDU-Vertreter für Bonn votieren. Angeblich feiere die SPD einen Regierungssitz Frankfurt als Niederlage für die CDU. Bonn gewinnt die Abstimmung mit 33:29 Stimmen.

Doch noch muss auch der später gewählte Bundestag zustimmen. Aber auch hier gewinnt die Provinzstadt am Rhein. 200 Abgeordnete stimmen für Bonn, 176 für Frankfurt. Doch auch hier geht es wohl nicht mit rechten Dingen zu. *Der Spiegel* berichtet 1950 über massive Bestechungsvorwürfe. Rund 100 Abgeordnete sollen insgesamt 2 Millionen D-Mark dafür bekommen haben, Bonn statt Frankfurt zu wählen. Ein Untersuchungsausschuss stellt später fest, dass tatsächlich Geld für das Abstimmungsverhalten einzelner Parlamentarier gezahlt wurde.

Walter Kolb wird trotz der Hauptstadtniederlage bis zu seinem Tod 1956 stets als Frankfurter Oberbürgermeister wiedergewählt. In das geplante Parlamentsgebäude zieht der Hessische Rundfunk ein. Und ein bisschen freuen durfte sich der einst so siegessichere Frankfurter trotz der herben Pleite gegenüber der verschlafenen Kleinstadt am Rhein trotzdem: Walter Kolb wurde in Bonn geboren.

Wer wird kein Millionär?

Mit leeren Händen sind schon viele bei Deutschlands beliebtester Quizsendung nach Hause gefahren. Falsche Antworten bei – vermeintlich – leichten Fragen hat es auch schon viele gegeben. Aber im Juni 2015 schreibt eine Studentin aus Aachen deutsche TV-Geschichte und erlebt laut *Focus* ein »historisches Fiasko«.

Eigentlich wollte Tanja Fuß gar nicht mitmachen bei *Wer wird Millionär*, der beliebten RTL-Ratesendung. Aber Freund Andreas war scharf auf eine Teilnahme und einen möglichst hohen Spielgewinn. Die 20-jährige Tanja hat sich dann auch einfach mitbeworben. Und im Gegensatz zu Freund Andreas wird sie als Kandidatin ausgewählt.

Die Glückssträhne von Tanja scheint auch in den TV-Studios in Hürth bei Köln nicht zu reißen. Sie kommt tatsächlich aus dem erlauchten Kreis von zehn potenziellen Mitspielern auf den begehrten Kandidatenstuhl gegenüber von Moderator Günther Jauch. Ihr Freund Andreas drückt derweil als Begleitung auf der Tribüne fleißig die Daumen.

Dann kommt die Frage, die bereits nach sage und schreibe 45 Sekunden Tanjas Kampf um die Million beendet:

Seit jeher haben die meisten …?

A: Dober Männer

B: Cocker Spaniels

C: Schäfer Hunde

D: Riesen Schnauzer

50 Euro gibt es für die Beantwortung dieser ersten Frage. In 1198 Sendungen zuvor hat jeder Kandidat diese Hürde trotz Nervosität und Konzentrationsschwäche genommen.

Die Textildesignstudentin jedoch ist von der ersten Sekunde an auf der falschen Fährte: »Ich hätte D: Riesenschnauzer gesagt, weil es sind Schnurrbärte.«

Das Publikum hält den Atem an. Nahezu allen ist klar, dass nur C: »Schäfer Hunde« die richtige Antwort sein kann. Moderator Günther Jauch fragt noch einmal nach: »Nehmen Sie auch D? Definitiv?« Tanja Fuß: »Ja.«

Die Antwort wird eingeloggt und bedeutet das Aus nach 45 Sekunden. Mit null Euro Gewinn und vier ungenutzten Jokern muss Tanja Fuß den Kandidatenstuhl wieder verlassen. Ihr Blackout ist der größte Aussetzer eines Kandidaten in 16 Jahren *Wer wird Millionär*. Jetzt beginnt die Schattenseite ihres TV-Auftritts: Die hübsche Blondine wird anschließend in Medien und sozialen Netzwerken mit Hohn und Spott überzogen.

Ihr Leben nach dem verhängnisvollen Fehler bei *Wer wird Millionär* schildert sie gegenüber der Zeitschrift *Closer* so:

»Das ist reinster Psychoterror. Klar weiß ich, dass ich eine einfache 50-Euro-Frage nicht beantwortet habe. Dessen bin ich mir bewusst. Aber ist das ein Grund, einen Menschen so zu behandeln? Teilweise musste ich mich sogar verstecken, weil einige Leute zu aufdringlich wurden.«

Auch Moderator Günther Jauch musste sich vorwerfen lassen, dass er der hübschen, aber nervösen Kandidatin aus Publicitygründen nicht geholfen habe. »*Wer wird Millionär?* ist ja von Haus aus keine Wohltätigkeitssendung, in der es eine Garantie auf leistungslose Gewinne gibt. Wenn ich jedem automatisch bei jeder Antwort über die Hürde helfe, ist der Reiz der Sendung dahin«, rechtfertigt Jauch sich danach in einem *Bild*-Interview.

Die aber wohl passendste Antwort nach dem Drama hat Tanja Fuß selbst gegeben: »Jeder Mensch macht Fehler. Es war ein schönes Spiel und da kann eben alles passieren, aber morgen geht auch wieder die Sonne auf.«

Das Olympia-Aus wegen eines Lichtschalters

Robert Harting ist eine imposante Erscheinung. 126 Kilogramm Muskelmasse, verteilt auf 2,01 Meter Körpergröße. Kein Wunder, dass der gebürtige Cottbusser im Diskuswerfen schnell einer der besten der Welt wurde. Mit Trainingsfleiß und Talent wird er 2009, 2011 und 2013 Weltmeister. Dazu wird er 2012 Olympiasieger in London. Weltberühmt machen ihn die Bilder, wie er nach seinem Sieg sein Trikot vor Freude zerreißt und seinen imposanten Oberkörper in die Kameras hält.

Keine Frage, Robert Harting ist der deutsche Leichtathletikstar Nummer eins, als er im August zu den Olympischen Spielen 2016 nach Rio de Janeiro fährt. Er war die Jahre zuvor oft verletzt, Tiefpunkt ist ein Kreuzbandriss im September 2014 mit 17 Monaten Verletzungspause. Erst im Frühjahr 2016 kann er wieder Wettkämpfe bestreiten. Mühsam kämpft er sich erneut an die Weltspitze heran. Siege beim Hallensportfest in Berlin und später bei den Deutschen Meisterschaften sorgen dafür, dass sein Traum wieder Realität werden könnte: Titelverteidigung bei Olympia in Rio.

Frohen Mutes reist er in die brasilianische Millionenmetropole. Er weiß, er ist ein Wettkampftyp. Er weiß, er kann tatsächlich zum zweiten Mal Olympiagold holen. Mit einem guten Gefühl geht Harting am Mittwoch, dem 10. August, auf sein Zimmer. Nur noch zwei Nächte, dann beginnt der Diskuswettbewerb. Dann kann er sich endlich belohnen für all die Quälerei der vergangenen zwei Jahre.

Doch dann passiert es. »Ich saß auf dem Bett, habe den Lichtschalter mit dem Fuß ausgemacht, weil die Wand nur einen Meter von mir entfernt ist. Das ist also keine große Anstrengung. Dann war ich kurz überrascht, weil ich so ein Ziehen hatte«, erzählt Robert Harting der *Neuen Osnabrücker Zeitung*. Er denkt sich nicht viel dabei, eine kleine Blockade im Körper. Das kennt er schon, nach 15 Jahren Leistungssport. Die löst sich sicher wieder.

Doch das Ziehen ist auch am nächsten Morgen noch da. Und es ist schlimmer geworden. Zum Frühstück in der Mensa des Olympischen Dorfes muss sich das Muskelpaket quälen: »Ich bin froh, dass ich überhaupt angekommen bin.« Ein klassischer Hexenschuss hat den 31-Jährigen erwischt. 36 Stunden vor seinem Olympiastart. Weil er den Lichtschalter mit dem Fuß ausmachen wollte.

Mit Spritzen und Schmerzmitteln wollen Ärzte und Physiotherapeuten die deutsche Gold-Hoffnung doch noch fit bekommen für die Qualifikation am kommenden Tag. Doch die Besserung im Rücken hat Auswirkungen auf andere Regionen. Robert Harting auf seiner Facebook-Seite: »Die Beine waren taub, die Spritzen haben mir sämtliche Bein- und Rückenspannung genommen.« Die Folge: nur schlechte 62,21 Meter in der Qualifikation für das Finale der zwölf Besten. Somit nur Platz 15 und das frühe Aus bei Hartings letzten

Olympischen Spielen. Etwas Trost gibt es aber für ihn: Der Olympiatitel bleibt in der Familie: Bruder Christoph Harting holt überraschend Gold.

Einige Monate später geht Harting mit seinem Olympia-Aus humorvoll um. Auf seiner Facebook-Seite findet man Lichtschalter mit Fernbedienung.

Der Mann, der zu brav, zu gut und zu hässlich für die Rolling Stones war

Im April 1962 beschließt der 20-jährige Brian Jones, eine Band zu gründen. Auf seine entsprechende Anzeige im englischen Fachblatt *Jazz News* meldet sich der vier Jahre ältere Ian Stewart. Er spielt fantastisch Piano und ist ein netter Kerl. Jones freundet sich mit Ian an, somit wird Ian Stewart das erste angeheuerte Bandmitglied der Rolling Stones.

Erst später stoßen Mick Jagger, Keith Richards, Bill Wyman und Charlie Watts hinzu. Alle sind begeistert von dem netten Kerl aus Schottland und seinem musikalischen Talent. »Er spielte neben seinem Job noch abends Boogie-Woogie-Piano in Jazzklubs. Das hat mich echt umgehauen, als er loslegte«, schreibt Keith Richards in seiner Autobiografie *Life* über Ian Stewart.

Die Band hat – anfangs noch in wechselnder Besetzung – erste Klubauftritte in London und macht Plattenfirmen und Musikmanager auf sich aufmerksam.

Anfang 1963 ist die Gruppe komplett und will mit dem neuen Bandmanager Andrew Loog Oldham die Musikwelt erobern. Er will die Rolling Stones als böses Pendant zu den erfolgreichen, aber noch braven Beatles im Musikmarkt positionieren.

Als lauten und wilden Elternschreck. Böse, aber attraktive Jungs, denen die Herzen der jungen Ladys zufliegen.

Einer passt aber nicht in diese Pläne des kühlen Managers: Ian Stewart. Er ist bereits Mitte 20, also vier, fünf Jahre älter als die anderen Bandmitglieder. Er arbeitet dazu noch als Angestellter in einer Chemiefirma und trägt spießige Cardigans. Und dann ist da noch dieses riesige, hervorstehende Kinn. Obwohl er der beste Musiker in der Gruppe ist, obwohl er sich in der Zeit vor Manager Oldham ein Jahr lang den Allerwertesten aufgerissen hat, um Auftritte für die Rolling Stones zu ergattern, ist er raus.

Statt Oldham eine reinzudonnern, nimmt Stewart, den alle nur »Stu« nennen, den Rauswurf gelassen hin. »Okay, dann mache ich den Fahrer für die Band.«

»Ich hätte wohl gesagt, ›Fickt euch‹, aber er hat gesagt, okay, ich fahre euch dann herum. Da musst du schon ein großes Herz haben. Und Stu hatte wohl das größte von uns allen«, so Keith Richards in seinem Buch.

Ohne zu murren, tauscht er seinen Platz auf der Bühne gegen einen Platz hinter der Bühne ein. Er wird Fahrer, Roadie und später Tourmanager der Rolling Stones. Und Stu darf bei allen Aufnahmen von 1964 bis 1985 als Studiomusiker bei jedem Album der Rolling Stones mitspielen. Auf einigen Tourneen in den 1970er- und 1980er-Jahren begleitet er die Rolling Stones auch live auf der Bühne am Piano.

Doch Stewart bucht nicht nur Hotels für die Band und hilft musikalisch aus. Ian Stewart vermittelt regelmäßig zwischen den Hitzköpfen Keith Richards und Mick Jagger. Und er ist wichtige Bezugsperson und größter Kritiker der legendären Rockband. Mick Jagger: »Stu war immer der eine Typ, den wir beeindrucken wollten. Jeder neue Song, jede Bandprobe musste ihm gefallen. Das war uns wichtig.«

Als vermutlich Einziger im engen Dunstkreis der Rolling Stones meidet Ian Stewart lebenslang sämtliche Drogen. Zu hart und einprägsam war es für ihn, mit anzusehen, wie Rolling-Stones-Gründer Brian Jones sich innerhalb von nur sieben Jahren mit exzessivem Alkohol- und Drogenkonsum zugrunde richtet. Sein Freund stirbt 1969.

Ironie des Schicksals: Ausgerechnet der Abstinenzler Stu stirbt bereits früh, 1985, im Alter von nur 47 Jahren. Das Album *Dirty Works* aus dem Jahr 1986 widmet die Band Ian Stewart. Und als die Rolling Stones 1989 in die Rock'n'Roll Hall of Fame aufgenommen werden, bestehen sie darauf, dass auch Stewart als Bandmitglied genannt wird.

Der Mann, der die Rolling Stones verlassen musste, weil er als zu hässlich galt, ist für Leadgitarrist Keith Richards das Geheimnis hinter dem Banderfolg: »Für mich sind die Rolling Stones vor allem seine Band. Ohne sein Wesen und sein Organisationstalent wären wir heute gar nichts.«

Der Mann, der eigentlich Terence Hill ist

Umwerfendes Aussehen, stahlblaue Augen, charmantes Lächeln und immer einen flotten Spruch auf den Lippen: Terence Hill ist einer der größten Kino-Superstars der 1970er- und 80er-Jahre.

Terence Hill ist jedoch nicht der richtige Name des weltbekannten Schauspielers. Der bürgerliche Name lautet Mario Girotti. Unter seinem richtigen Namen spielt er zum Beispiel in den deutschen Winnetou-Filmen der 1960er-Jahre mit.

Aber eigentlich sollte jemand anderes an der Seite von Bud Spencer als Terence Hill zum Kino-Superstar und Multimillionär werden: Ein gewisser Pietro Martellanza aus Südtirol. Doch durch großes Pech verpasst er nur haarscharf eine mögliche Weltkarriere.

Alles beginnt im Frühjahr 1967. Pietro Martellanza hat bereits kleinere Filmrollen in italienischen B-Movies gespielt. Doch jetzt ist seine große Chance da. Er ergattert neben einem gewissen Carlo Pedersoli die Hauptrolle in dem Western *Gott vergibt ... Django nie*. Der ehemalige Seemann hat schon Schönheitswettbewerbe gewonnen und soll mit seinem guten Aussehen das perfekte Pendant zum eher brachialen und voluminösen Pedersoli geben. Eine Riesenchance, zumal bereits Fortsetzungen des Films angedacht sind.

Für die bessere internationale Vermarktung sollen die beiden Hauptdarsteller amerikanisch klingende Künstlernamen wählen. Carlo entscheidet sich während der Dreharbeiten für den Künstlernamen »Bud Spencer«. Pietro, der sich später Peter Martell nennt, kommt jedoch nie am Set des späteren Kino-Kassenknüllers an. Und er kann somit auch nie aus der mit 20 amerikanischen Namen vorbereiteten Liste »Terence Hill« auswählen.

Was passiert ist, schildert der »echte« Terence Hill alias Mario Girotti auf seiner Website so: »Im Jahr 1967 wurde ich von Regisseur Giuseppe Colizzi kurz nach Beginn der Dreharbeiten zu *Gott vergibt ... Django nie* (*Dio perdona ... io no!*) kontaktiert. Der Hauptdarsteller hatte sich bei einem Streit den Fuß gebrochen und ich wurde sein Ersatz ...«

In der Tat, Pietro Martellanza verknackst sich am Abend vor dem ersten Drehtag bei einem Streit den Fuß. Verschieben die Produzenten jetzt den Drehstart? Das wäre nicht ungewöhnlich. Immerhin hat Pietro die wichtigste Rolle des Films.

Nein, sie suchen lieber einen anderen Hauptdarsteller – und finden Mario Girotti alias Terence Hill. Er schildert dies so: »Da ich als Ersatz in letzter Minute eingestellt wurde, musste ich schnell meine Sachen packen und von Italien ins spanische Almería fliegen, wo die Dreharbeiten für diesen Film stattfanden. Carlo spielte die Rolle des »Hutch Bessy«. So trafen wir uns also das erste Mal an einem Set in Spanien ... Bei unserer ersten Begegnung hatten wir nur ein sehr formelles Gespräch: »Hallo, ich bin Mario. Ich spiele die Rolle des Cat.« – »Hallo, ich bin Carlo.«

Der Rest ist Filmgeschichte.

Carlo und Mario verstehen sich glänzend. Der Film wird zu einem großen Erfolg. Sie nennen sich Bud Spencer und Terence Hill und werden für zahlreiche weitere Streifen verpflichtet. 1970 sind die beiden die Stars des bis dahin erfolgreichsten italienischen Films aller Zeiten, *Die rechte und die linke Hand des Teufels*. 1972 wird Terence Hill an der Seite von Bud Spencer sogar zum internationalen Megastar. Der Blödelwestern *Vier Fäuste für ein Halleluja* wird zum weltweiten Kinohit. In Deutschland sehen sagenhafte 12 Millionen Kinozuschauer den Film. Kein *Star Wars*, kein *E.T.*, kein *Avatar* und auch kein *Der Schuh des Manitu* hat so viele Besucher in die Kinos gelockt. Jeder kennt jetzt Terence Hill und Bud Spencer. Auch solo hat der smarte Italiener Erfolg. An der Seite von Henry Fonda spielt er zum Beispiel die Hauptrolle im Kultfilm *Mein Name ist Nobody*.

Und Pechvogel Pietro? Er nennt sich – amerikanisch – Peter Martell, dreht noch rund 70 Filme in Italien, schafft aber nie den internationalen Durchbruch. 2010 stirbt er in seinem Geburtsort Bozen.

Sechs Richtige im Lotto – Pech gehabt?

Der 18. Juni 1977 ist kein großer Tag der Weltgeschichte. Das US-Tennis-Damenteam gewinnt mit dem Fed Cup den Weltmeistertitel. Die US-Raumfähre *Enterprise* absolviert einen ersten Probeflug. Und Boney M. stehen mit »Ma Baker« auf Platz eins der deutschen Musikcharts.

Kein besonderer Tag, sollte man meinen. Das sehen vermutlich einige Lottospieler ganz anders. Denn an diesem Samstag hat Fortuna das Füllhorn des Glücks über ihnen ausgeschüttet. Oder es zumindest versucht.

Lottospieler suchen gern nach Inspiration für ihren nächsten Tippschein. Mal sind es Muster, mal Geburtsdaten oder auch erfolgreiche Zahlenkombinationen der Vergangenheit. So schaut mancher Tipper sogar ins Ausland, um sich inspirieren zu lassen. Eine Woche zuvor wurden in den Niederlanden die sechs Zahlen 9, 17, 18, 20, 29 und 40 beim dortigen Lotto gezogen. Und was beim holländischen Nachbarn funktioniert, könnte doch auch bei uns passen. Das denkt sich der ein oder andere Lottospieler entlang der Grenze zu unserem westlichen Nachbarn. Und hält sich dabei vermutlich für einfallsreich und originell.

Dann passiert tatsächlich das Unglaubliche: Exakt die gleiche Zahlenkombination wie eine Woche vorher in den Niederlanden wird auch am Samstagabend in Deutschland gezogen. »Ja, sechs Richtige! Endlich gewonnen.« Diesen Jubelschrei hört man somit auch in deutschen Wohnzimmern. Zumal es noch keine Superzahl gibt, sechs Richtige sind also das Maximum, der Höchstgewinn mit einem Lottoschein im Jahr 1977.

Die Wahrscheinlichkeit dieser sechs Richtigen liegt bei 1:15 Millionen – und jetzt hat es endlich geklappt. Das muss gefeiert werden. Sektflaschen werden geköpft, Angehörige informiert, Autobroschüren und Versandhauskataloge durchgeblättert. »Wohin nur mit den Millionen?«

Tatsächlich bringen sechs Richtige an diesem Samstag stolze 6,3 Millionen D-Mark, umgerechnet 3,2 Millionen Euro. Aber es gibt ein Problem, das der langjährige WestLotto-Pressesprecher Elmar Bamfaste bei *Focus Online* jovial als »absoluten Knüller« bezeichnet: 205 Lottospieler haben an diesem Tag sechs Richtige! 205 Lottogewinner müssen sich das Geld teilen. So gibt es für die sechs Richtigen nur 30 737,80 D-Mark (15 715 Euro). Nie zuvor gab und nie wieder danach gibt es für sechs Richtige so wenig Geld.

Für die 205 Pechvögel gilt vermutlich dieses Sprichwort ganz besonders: »Glück ist eine Kombination aus guter Gesundheit und einem schlechten Gedächtnis.«

Wenn Daddy dir die Tour vermasselt ...

»Surfin' USA«, »Help Me, Rhonda«, »Good Vibrations« – die Beach-Boys-Hits der 1960er-Jahre kennt auch heute wohl noch jeder. Sie sind eine der weltweit erfolgreichsten Musikgruppen aller Zeiten. Ihr Album *Pet Sounds* gilt unter Musikkritikern bis heute als eines der drei besten Popalben aller Zeiten.

Keine Frage: Die Beach Boys sind eine Musik-Supergruppe und haben mit ihrem Surf-Sound Geschichte geschrieben.

Am 16. Juli 1962 bekommt die Teenagerband einen Plattenvertrag bei Capitol Records. Mit dabei neben den Brüdern Wilson und deren Cousin Mike Love ist auch ein Nachbar: der 15-jährige David Lee Marks. Er singt und spielt Gitarre. Und er versteht sich wunderbar mit den anderen Bandmitgliedern. Gemeinsam nehmen sie das Beach-Boys-Debütalbum *Surfin' Safari* auf. Das Album wird ein kleiner Hit und auf dem legendären Cover darf David Marks ganz vorn auf einer gelben Pick-up-Motorhaube sitzend gen Meer zeigen. Alles scheint gut.

Doch schon während der Aufnahmen kommt es zu ersten Streitereien zwischen dem Vater von David und dem der Wilson-Brüder, Murry Wilson. Murry Wilson gilt als eher unangenehmer Zeitgenosse. Beach-Boys-Biograf Steven Gaines schildert ihn als manipulativen Tyrannen und Choleriker.

Aber er ist eben auch der Manager der Beach Boys. Und bereits zwölf Monate später kommt es zur Eskalation. Die Eltern von David überwerfen sich endgültig mit Murry Wilson. Es geht – natürlich – ums Geld. Der Verdacht: David, einziges Nichtfamilienmitglied der Beach Boys, wird übers Ohr gehauen. Die Folge: Kurz vor den Aufnahmen zum ersten Nummereins-Hit der Band »I Get Around« muss David Marks 1964 die Beach Boys verlassen.

Sein Vater holt ihn aus der Band. Und da David noch minderjährig ist, muss er Papas Anweisung folgen. Obwohl er weiter eng befreundet bleibt mit den anderen Bandmitgliedern.

Der Rest ist Geschichte: Die Beach Boys werden zu Amerikas herausragender Band der 60er-Jahre. Neun internationale Nummer-eins-Hits und über 100 Millionen verkaufte Platten machen die Musiker zu Multimillionären.

David Marks geht nach dem Aus bei den Beach Boys weiter auf die Highschool. Er gründet die Gruppe Marksmen, der Erfolg bleibt mäßig. Im Jahr 1972 erhält Marks das Angebot, als Bassist in die Band zurückzukommen. Er lehnt dies allerdings ab. Als die Beach Boys mit einer großen Zeremonie 1988 in die Rock'n'Roll Hall of Fame aufgenommen werden, sind alle Gründungsmitglieder eingeladen. Nur einer nicht: David Marks wurde vergessen. In den 90er-Jahren folgen Drogen- und Alkoholprobleme.

Aber ein kleines Happy End gibt es dann doch für Marks. Ab 1997 tritt er wieder mit den Beach Boys auf. 2012 ist er sogar als vollwertiges Bandmitglied beim Album *That's Why God Made the Radio* zum 50. Jubiläum dabei. Sogar ein Buch gibt es mittlerweile über ihn: *The Lost Beach Boy* von Jon Stebbins. Aber musikalische Weltgeschichte geschrieben haben die Beach Boys ohne ihn.

Poupou – ein Name für ewiges Pech

»Poupou« ist ein französisches Wort für den deutschen Begriff Pechvogel. Bekannt und populär wurde der Begriff in den 1960er Jahren. Denn »Poupou« ist vor allem der Spitzname von Raymond Poulidor.

1962 beginnt die Geschichte des Unglücksraben, damals noch weitgehend unbemerkt von der Öffentlichkeit. Als seine fast 15-jährige Geschichte voller Pleiten, Pech und Pannen 1976 mit einer weiteren Episode endet, verneigt sich ein ganzes Land vor Raymond Poulidor. Der weltberühmte Künstler Jean-Joseph Sanfourche fertigt ihm zu Ehren ein Kunstwerk an, das einen einfachen Titel trägt: *Merci Monsieur Poulidor*.

Wie aber wird aus einem einfachen Jungen aus einem kleinen Dorf im Département Creuse eine französische Legende? Ganz einfach: Er fährt als Rennradfahrer bei der Tour de France mit. Er ist sogar richtig gut. Er bringt alles mit, Talent, Ausdauer, Willenskraft, um bei dem dreiwöchigen Rennen Erfolg zu haben. Doch er wird nie Tour-de-France-Sieger. Zwölfmal gelangt er bei der schwersten Radrundfahrt der Welt ins Ziel. Achtmal kommt er aufs Podium. Drei zweite und fünf dritte Plätze sind seine eindrucksvolle, aber auch tragische Bilanz. Obwohl er fast immer zu den Besten gehört, trägt er nie auch nur einen einzigen Tag das Gelbe Trikot des Führenden bei der Frankreich-Rundfahrt.

1962, gleich bei seiner ersten Teilnahme, wird er überraschend Dritter. Ein Jahr zuvor hat er zum ersten Mal auf sich aufmerksam gemacht, Poulidor wird Dritter bei der Rad-WM. Seine weiteren Ergebnisse bei der Straßen-Weltmeisterschaft: zwei dritte Plätze, einmal Platz zwei. Insgesamt viermal steht er auf dem Podium bei Weltmeisterschaften. Auch den WM-Titel gewinnt er nie.

Es ist nicht so, dass Frankreich in den 1960er- und 1970er-Jahren keine erfolgreichen Radsporthelden hat. Lucien Aimar wird 1966 Tour-de-France-Sieger, Roger Pingeon ein Jahr später. Jacques Anquetil gewinnt sogar fünfmal die Tour de France. Aber keiner von ihnen kommt auch nur annähernd an die Beliebtheit von Poulidor heran. Trotz oder sogar wegen dieses Rufs als »ewiger Zweiter« ist Poulidor zu seiner aktiven Zeit der populärste Sportler Frankreichs. 1974 wählt ihn die Zeitung *L'Équipe* zu Frankreichs Sportler des Jahres – obwohl er keinen Titel erringt. Bei der Tour de France wird er 1974, wieder einmal, Zweiter. Und auch bei der Rad-WM nur Vizeweltmeister hinter Eddy Merckx.

Zehn Jahre zuvor ist er ganz nah dran am großen Tour-de-France-Erfolg. Favorit und Titelverteidiger Anquetil bricht erschöpft am Puy-de-Dôme-Anstieg ein. Poulidor aber wartet weiter ab. So startet er erst spät seine Attacke. Er kann den Rückstand auf den im Klassement führenden Anquetil nur um 42 Sekunden reduzieren. Am Ende fehlen ihm beim Zieleinlauf in Paris lediglich 55 Sekunden für den Toursieg.

1966 ist Raymond Poulidor der erste Radrennfahrer, der während der Tour de France auf Doping getestet wird. Alle anderen Mitfavoriten flüchten bei der nächtlichen Kontrolle aus dem

Hotel und verweigern den umstrittenen Dopingtest. Poulidor hingegen lässt sich testen. »Danach haben die anderen mir im Fahrerfeld nie wieder einen Gefallen getan«, erzählt er später der Zeitung *L'Équipe*. Jahre später gesteht Dauerkonkurrent Anquetil, dass er in seiner Karriere Dopingmittel wie Amphetamine, Koffein und Cortison genommen hat.

1974 fährt Poulidor im betagten Radrennfahreralter von 40 Jahren ein letztes Mal die auch »Tour der Leiden« genannte Tour de France. Der französische Publikumsliebling kommt erneut aufs Podium, gewinnt aber wieder nicht, sondern landet auf Platz drei.

Seinen jahrelangen Misserfolg nimmt er gelassen hin. »Vielleicht hat mir der letzte Ehrgeiz gefehlt, auch wenn ich bestimmt immer alles gegeben habe. Aber es hat mir auch gefallen, dass mich alle mochten«, zitiert ihn die Onlineseite von *Eurosport*. »Und je mehr Pech ich hatte, desto mehr mochten mich die Leute. Und umso mehr Geld verdiente ich«, so der zufriedene Dauerpechvogel Poupou zu *L'Équipe*.

Der Mann, der zwei Atomangriffe überlebt

Am 4. Januar 2010 stirbt im gesegneten Alter von 93 Jahren in Japan ein Mann, den das ganze Land kennt. Ein Mann, dem mehr Unglück passiert ist als jedem anderen Menschen in diesem Buch voller Pechvögel. Denn Tsutomu Yamaguchi ist ein Hibakusha. Und nicht nur das, er ist der einzige »doppelte Hibakusha« der Geschichte. Der einzige Mensch, der Opfer von zwei Atombombenabwürfen wird – und überlebt.

Am 6. August 1945 ist der 29-jährige Yamaguchi beruflich in Hiroshima. Bereits seit drei Monaten ist hier für seinen Arbeitgeber Mitsubishi tätig, heute aber kann er wieder nach Hause fahren. Endlich würde er seinen kleinen Sohn wiedersehen.

Entsprechend früh steht er auf, um den Zug in Richtung Heimat nicht zu verpassen. Es ist ein herrlicher Sommertag. Strahlender Sonnenschein, keine Wolke ist am Himmel zu sehen. Auf dem Weg zum Bahnhof fällt ihm ein, dass er wichtige Dinge im Büro liegen gelassen hat. So befindet er sich um 8:15 Uhr nicht am Bahnhof, im Zentrum von Hiroshima, sondern am Hafen, als es passiert.

Eines der über der Stadt kreisenden Flugzeuge, der B-29-Bomber *Enola Gay*, hat seine tödliche Fracht abgeworfen. Sekunden später wird Hiroshima nach einem grellen Lichtblitz, der den Himmel teilt, und einer lauten Explosion dem Erdboden gleichgemacht. Wo eben noch eine Großstadt gewesen ist, steigt eine riesige Feuersäule zum Himmel auf. 140 000 Menschen kommen durch diese Atombombe ums Leben. Hiroshima ist eine wichtige Versorgungsbasis der Japaner während des Pazifikkriegs. Aber die Atombombenopfer sind vor allem Zivilisten, wie Tsutomu Yamaguchi. Er erleidet schwere Verbrennungen am Oberkörper und ist auf einem Ohr taub. Aber er überlebt und verbringt die kommenden Stunden in einem Luftschutzbunker.

Schwer verletzt und notdürftig verbunden, fährt er am 8. August endlich in seine Heimatstadt Nagasaki. Am nächsten Tag will er seinem Chef bei Mitsubishi schildern, was ihm in Hiroshima widerfahren ist. Am 9. August um 11:02 Uhr ist er bei seinem Vorgesetzten im Büro und wird erneut Opfer eines Atombombenangriffs. Wieder ist er nur drei Kilometer vom Zentrum der Bombenexplosion entfernt, wieder wird er radioaktiv verstrahlt und wieder überlebt Tsutomu Yamaguchi eine Atombombe. 70 000 Menschen sterben in Nagasaki, entweder sofort oder Jahre später, durch die Folgen ihrer radioaktiven Vergiftung. Sein Sohn, 1945 noch ein Baby, stirbt 2004 im Alter von 59 Jahren an Krebs, vermutlich ausgelöst durch die Strahlungsbelastung als Kind. Auch ihn überlebt der mittlerweile dreifache Vater Yamaguchi.

Nach dem Zweiten Weltkrieg arbeitet er für die US-Besatzungsbehörden, als Lehrer und später wieder für Mitsubishi. Er wird nach seinen Erlebnissen zum engagierten Friedensaktivisten und spricht sogar vor den Vereinten Nationen in New York. 2010 stirbt er im Alter von 93 Jahren an Krebs in Nagasaki.

Tsutomu Yamaguchi ist das einzige von den japanischen Behörden anerkannte zweimalige Atombombenopfer. *Die Welt* schreibt 2009 über ihn: »Es ließe sich lange streiten, ob er nun unvorstellbares Glück hatte oder schlicht vom Pech verfolgt war ...«

Drei Rennen, drei Siege und doch kein Olympiagold

3:50:91 blinkt es von Anzeigetafel und Bildschirmen – und dahinter das Kürzel OR. Olympischer Rekord! Noch nie war ein Schwimmer über 400 Meter Freistil bei Olympia so schnell wie Thomas Fahrner aus Deutschland. Und auch hier bei den Olympischen Spielen 1984 in Los Angeles wird keiner schneller sein als er. Es ist das dritte Olympiarennen bei diesen Spielen für den Offenbacher, der dritte Sieg. Jedes Rennen hat er gewonnen. Und trotzdem kann Fahrner sich nicht freuen über seine Fabelzeit. Enttäuscht und wütend schlägt er zweimal an den Beckenrand. Denn er ist soeben zum größten Pechvogel der Olympischen Spiele 1984 geworden.

Thomas Fahrner ist einer der Favoriten auf Olympiagold. Die starke Konkurrenz aus der UdSSR und der DDR ist aufgrund eines staatlich verordneten Boykotts nicht am Start. Und die olympischen Wettkämpfe beginnen gut für den 20-Jährigen. Er gewinnt souverän seinen Vorlauf. Auch der anstehende Zwischenlauf würde kein Problem werden, seine Trainingszeiten in den vergangenen Wochen reichen klar für einen Platz unter den besten Acht. Aber Fahrner möchte nicht nur ins olympische Finale, er möchte eine Medaille. Am liebsten natürlich Gold. Dafür könnte die richtige Bahn im Finale entscheidend sein. Die Schnellsten des Zwischenlaufs bekommen die Bahnen vier und fünf in der Mitte des Schwimmbeckens. Der BWL-Student möchte aber lieber auf einer Außenbahn schwimmen. Und so entschließt er sich, in seinem Zwischenlauf Kräfte zu sparen und mit einer etwas langsameren Zeit zu gewinnen.

Der Zwischenlauf, die Finalqualifikation, startet. Und sein Plan scheint aufzugehen. Fahrner schwimmt stets von der Spitze weg, kontrolliert das Feld, verzichtet aber auf einen Schlusssprint. Er gewinnt seinen Zwischenlauf in 3:55:26 Minuten. Diese Zeit wird ihm zum Verhängnis. Denn tatsächlich unterbieten acht Schwimmer in den anderen Zwischenläufen seine Zeit. Fahrner hat sich verpokert. Das Rennen verbummelt. 19 Hundertstelsekunden ist er zu langsam. Er wird nicht ins Finale einziehen, er schwimmt nicht am Abend um olympisches Edelmetall. Aus der Traum vom Olympiagold.

Dem Deutschen bleibt nur ein letzter Auftritt im Trostrennen um die Plätze 9 bis 16. Und hier im B-Finale wird er zum tragischen Helden. Denn Thomas Fahrner gewinnt das Rennen souverän in neuer olympischer Rekordzeit. Der echte Olympiasieger George DiCarlo ist bei seinem Sieg im echten Finale fast eine halbe Sekunde langsamer. Aber: George DiCarlo holt die Goldmedaille. Zum ersten und bis heute einzigen Mal ist der Gewinner des B-Finales schneller als der Olympiasieger. Thomas Fahrner wird offiziell Neunter und erringt »nur« den olympischen Rekord. Und, je nach Auslegung, den inoffiziellen Titel des Pechvogels oder Deppen der Olympischen Spiele 1984.

Der Schlagzeuger, der nicht an die Zukunft seiner Band glaubt

»Wenn du willst, steig bei uns ein.«

Carlo Little erbittet sich Bedenkzeit. Er hat diesen Mick Jagger, diesen Brian Jones und diesen Keith Richards ja erst vor wenigen Wochen kennengelernt. Und im Gegensatz zu diesen Grünschnäbeln ist der 22-Jährige ja schon eine lokale Größe im London des Jahres 1962. Er spielt als Drummer mit seinen Bands All Stars und Screaming Lord Sutch and the Savages regelmäßig im angesagten Marquee Club. Und er kommt ganz gut über die Runden mit den Konzertgagen und seinem Nebenjob als Musiklehrer. Daher kann er auch generös am Schlagzeug aushelfen, als dieser seltsame Sänger ihn darum bittet. Er spielt ein paar Gigs mit den Rolling Stones. Geld gibt es keines, die Stones spielen in nur mäßig gefüllten Läden und sind chronisch pleite. Die Journalisten Fehringer, Stadlbauer und Reischl schildern in ihrer biografischen Geschichte über Carlo Little *Viel Lärm um nichts* diese Zeit so: »Nicht nur, dass er keine Gage bekam. Er musste noch in die eigene Tasche greifen und kaufte ihre Plattensammlung.« Carlo Little: »Johnny Cash und so Zeugs. Damit konnten sie sich wenigstens was zu essen kaufen.« Als Gegenleistung schleppten sie immerhin sein Equipment.

Der nette, hilfsbereite und hochtalentierte Musiker Carlo Little aus dem Londoner Stadtteil Wembley wird zum größten Pechvogel des Rock'n'Roll. Und das, obwohl er immer ganz nah am großen Ruhm dran ist.

Dem nicht annähernd so talentierten Nachbarsjungen Keith Moon gibt er Schlagzeugunterricht. Moon wird später als Drummer von The Who zum Star.

Jimmy Page spielt als Gitarrist der All Stars mit Carlo Little. Er steigt dann allerdings aus und überträgt den radikalen Sound der Gruppe in seine andere Band Led Zeppelin.

Ritchie Blackmore ist Leadgitarrist bei Screaming Lord Sutch. Er wechselt dann die Combo und gelangt mit Deep Purple zu Weltruhm.

Jeff Beck spielt eine Weile in den beiden Gruppen von Carlo Little. Beck wird später zum überragenden Gitarristen der 1970er- und 80er-Jahre und gewinnt mit seinen Alben sechs Grammy Awards.

Eric Clapton probt regelmäßig mit Carlo und den All Stars. Er gründet dann aber eine eigene Band namens Cream. Als Superstars verkaufen sie über 15 Millionen Alben.

Rod Stewart lässt sich von der Bühnenshow bei Screaming Lord Sutch inspirieren – und wird mit den Small Faces und später solo zum erfolgreichen Sänger mit heißen Livegigs der 1970er-Jahre.

Jon Lord spielt bei einer Tournee 1967 als Gastmusiker der Flower Pot Men an der Seite des ebenfalls gebuchten Carlo Little. Über Carlo lernt der Keyboarder dann Ritchie Blackmore kennen, gründet mit ihm Deep Purple und ist später Mastermind der Erfolgsband Whitesnake.

Ray Davies ist einer der wenigen Käufer der All-Stars-Single »Country Line Special«. Das Instrumentalstück, geprägt von Drummer Carlo Little, wird ein totaler Flop. Aber Ray Davies inspiriert dieser Song zu eigenen Kompositionen. Er gründet die Kinks und schreibt Welthits wie »You Really Got Me« oder »Lola«.

Umfeld und Nachahmer von Carlo Little werden zu Superstars, nur er bleibt weitgehend erfolglos. Selbst die größte Chance seines Lebens ergreift er – unwissentlich – nicht. Ende 1962 bitten ihn die Rolling Stones, als Schlagzeuger fest einzusteigen. Und Carlo Little lehnt ab. »Ihr habt keine Zukunft«, soll er geantwortet haben.

Aber weil er die Jungs mag und ein netter Kerl ist, empfiehlt er ihnen einen Nachbarn aus Wembley als Drummer: Charlie Watts.

Man geht freundschaftlich auseinander. Carlo Little bleibt eine lokale Größe in London und musiziert in zahlreichen Pub-Kapellen mit mäßigem Erfolg. Später spielen viele seiner berühmten Jugendfreunde zusammen mit ihm bei Auftritten der All Stars. Ein Popstar wird er aber nie.

Die Rolling Stones werden mit Songs wie »Satisfaction« zur größten Rock'n'Roll Band aller Zeiten und feiern weltweit Erfolge. Und Charlie Watts sitzt heute noch an den Drums.

Die Frau, die fünfmal ihr Haus verlor

Toll, einfach toll. Endlich hat sie einmal Glück. Melanie Martinez blickt zufrieden auf ihr Heim in Braithwaite, einem Vorort von New Orleans. Die Reality-TV-Show *Hideous Houses* (»Scheußliche Häuser«) war bei ihr und hat innerhalb von sieben Tagen ihr baufälliges Haus verschönert.

Der gut aussehende Moderator Eric Stromer, vom *People*-Magazin zu einem der attraktivsten Männer der Welt gewählt, war mit seinem Handwerkerteam vor Ort. Und er hat ganze Arbeit geleistet. Eine moderne Küche, neue Schränke, jede Menge neue Geräte wie zum Beispiel ein 50-Zoll-Smart-TV-Gerät und vieles mehr.

Das war auch dringend notwendig, denn am 29. August 2005 hatte der berüchtigte Hurrikan Katrina das Haus mit der gesamten Einrichtung nahezu vollständig zerstört. Melanie und ihr Mann waren nicht ausreichend versichert, somit konnten sie mit ihren knappen Mitteln nur notdürftig und langsam alles wieder herrichten. Da ist der Besuch der TV-Show sieben Jahre später ein echter Segen für Familie Martinez. Kein Wunder, dass sie für *Hideous Houses* ausgewählt worden sind. Sperrmüllmöbel hatten der leidgeprüften Familie das Überleben gesichert. Aber jetzt hat sich das Blatt gewendet, freut sich Melanie. Endlich ein schönes, gemütliches Heim.

Nur wenige Monate später, am 29. August 2012, bricht das Unheil erneut über Braithwaite und das Heim von Melanie Martinez herein. Hurrikan Isaac erreicht die Küste Louisianas. Die neuen Deiche, Schutzmauern und Sperranlagen werden überspült, das Hochwasser des Mississippi steigt auf ein neues Rekordhoch. Exakt auf den Tag genau sieben Jahre nach Katrina verliert Melanie Martinez wieder ihr Haus durch einen Hurrikan.

»Unsere Nachbarn waren bereits weg und auch wir wollten gerade fahren. Aber unser Wagen streikte. Wir sind zurück ins Haus. Aber das Wasser stieg immer weiter. Und das Wasser stieg so schnell. Wir dachten, wir würden hier sterben«, so Melanie Martinez zum *Guardian*. Sie kann mit ihrem Ehemann auf den Dachboden flüchten und wird später von einem Nachbarn mit dessen Boot gerettet. Zusammen mit ihrem Mann, ihren Katzen und Hunden. Alles andere im Haus ist verloren.

Nicht das erste Mal. 2005 hatte der Hurrikan Katrina ja bereits das Haus von Melanie Martinez zerstört. Aber dann war da auch noch der Hurrikan George 1998, der ihr Heim zerstörte. Und davor war es Hurrikan Juan 1985, der sie obdachlos machte. Auch damals hat die Schulbusfahrerin ihr gesamtes Hab und Gut verloren. Und 1965 war Melanie als Kind mit ihrer Familie Opfer des Hurrikans Betsy geworden.

Unfassbare fünf Mal hat die US-Amerikanerin Melanie Martinez ihr Zuhause durch Naturkatastrophen verloren. Unwetter und Hochwasser haben ihr tatsächlich fünf Mal das Heim geraubt. Sie bekommt in den USA von den Medien den Titel »America's unluckiest woman« verliehen, zu Deutsch »Amerikas größter weiblicher Pechvogel«. Sogar das *Guinnessbuch der Rekorde* hat sie mit ihrer unglaublichen Pechsträhne 2017 in das Werk aufgenommen.

Doch trotz all des Unglücks verlässt sie die Hurrikan- und Hochwasserregion Louisiana weiterhin nicht. »Ich wurde hier geboren. Das ist meine Heimat. Aber zukünftig möchte ich dann doch lieber auf einem Hügel leben.«

Der Lottogewinner für nur 180 Minuten

3, 8, 11, 26, 32, 40 und die Zusatzzahl 9. Diese Zahlen schreiben deutsche Lottogeschichte. Obwohl kein Spieler mit dieser Kombination auch nur einen einzigen Euro gewonnen hat.

Mittwoch, 3. April 2013, 18:50 Uhr: Fast 2,5 Millionen TV-Zuschauer sitzen vor dem Fernsehgerät und schauen die Ziehung der Mittwochslottozahlen im ZDF. Lottofee Heike Maurer verkündet am Ende der Ziehung die gezogene Zahlenkombination 3, 8, 11, 26, 32, 40 mit Zusatzzahl 9. Sendungsende. Kurz danach stehen diese Gewinnzahlen auch im ZDF-Teletext und im Internet.

Bernd Werda aus Nidda freut sich beim Abgleich mit seinem Lottoschein: Fünf Richtige! Das gibt 4000, vielleicht 5000 Euro!

Doch die Freude währt leider nur kurz. Denn schon drei Stunden später werden im ZDF-*heute-journal* komplett andere Gewinnzahlen verkündet. Und auch der ZDF-Teletext meldet jetzt eine andere Kombination.

Was ist passiert?

»Zwei Kugeln waren leider in der Maschine hängen geblieben. Deshalb wurde die Ziehung unter Ausschluss der Öffentlichkeit wiederholt«, erzählt Bernd Werda am nächsten Tag bei Radio FFH.

Die erste Ziehung, live von Millionen TV- Zuschauern verfolgt, wurde tatsächlich annulliert und neu durchgeführt. Die Panne mit den zwei fehlenden Kugeln wird erst nach der Fernseh-Liveübertragung bemerkt und die Ziehung später wiederholt. »Es ist ja nicht rechtens, eine Ziehung nur mit 47 statt 49 Kugeln zu machen«, so der Sprecher von Lotto Rheinland-Pfalz, Clemens Buch. Eine ähnliche Panne ist in 60 Jahren Lottogeschichte noch nicht vorgekommen.

Bei der Ziehungsmaschine bilden zwei Scheiben aus Plexiglas den sogenannten Schlitten. Er hält die Kugeln fest. Auf Knopfdruck werden die Scheiben so verschoben, dass die 49 Kugeln – normale Tischtennisbälle – in die Ziehungstrommel fallen. So war es bei weit über 3000 Ziehungen bis zum verhängnisvollen Mittwoch, 3. April 2013.

Zwei Kugeln rollten nicht in die Trommel. Die 46 und die 47, so berichtet die *Bild*-Zeitung.

»Keiner kann sich erklären, warum die Kugeln nicht runterfielen«, so Lottosprecher Clemens Buch. Eine halbe Stunde vor jeder Ziehung gebe es einen Probelauf, bei dem alles getestet werde. »Da hat alles reibungslos funktioniert.« Während der Sendung bemerkt tatsächlich niemand etwas. Der verantwortliche Ziehungsleiter Dirk Martin nicht. Ebenso wenig wie die Aufsichtsbeamtin, das ZDF-Team und Moderatorin Heike Maurer. Erst beim Einsammeln der Kugeln bemerkt Martin, dass da noch zwei Kugeln im Schlitten stecken. Eine Katastrophe!

Denn es wurden nicht 6 aus 49 gezogen, sondern nur 6 aus 47.

Dadurch steigt die Wahrscheinlichkeit auf sechs Richtige – wenn man die fehlenden Zahlen nicht ankreuzt – um fast 30 Prozent. Umgehend wird entschieden, eine neue Ziehung durchzuführen.

Die neuen, gültigen Zahlen lauten: 16, 21, 23, 29, 31, 38, Zusatzzahl 24 (ohne Gewähr).

Da die TV-Livesendung aber schon beendet ist, wird diese Ziehung nur von den Anwesenden im Studio beobachtet und kontrolliert. Dies ist aber ausreichend, so die Lotto-Geschäftsbedingungen.

Gewinner der ersten, fehlerhaften Ziehung wie Pechvogel Bernd Werda haben daher keinen Anspruch auf den vermeintlichen Gewinn. Auch beim Verkünder der falsch gezogenen Zahlen – in diesem Fall das ZDF – kann man den mutmaßlichen Gewinn nicht einklagen. Dafür sorgt der Satz, den jeder schon gehört oder gelesen hat: »Alle Angaben ohne Gewähr.«

Bevor man es also ordentlich krachen lässt, sollte man am besten auf die offizielle Bestätigung der Lottozentrale warten.

Die meisten Stimmen und doch keine US-Präsidentschaft

65 853 516 Wählerstimmen, fast 2,9 Millionen mehr als ihr Konkurrent Donald Trump. Dennoch verliert Hillary Clinton die US-Präsidentschaftswahl 2016. Sie ist Opfer des US-Wahlsystems.

Diese Wahl geht in die Geschichte ein. Zum ersten Mal kandidiert ein Seiteneinsteiger, ein Politikneuling, für eine der beiden großen Parteien der USA. Und zum ersten Mal tritt eine Frau als Spitzenkandidatin für eines der beiden großen Lager an. Donald Trump und Hillary Clinton schaffen wahrlich Historisches, als sie sich in den parteiinternen Vorwahlen bei Republikanern und Demokraten durchsetzen.

Donald Trump ist Sohn wohlhabender Eltern und wird in den 1970er- und 1980er-Jahren mit Immobiliengeschäften vom Millionär zum Milliardär. Hillary Clinton war als Ehefrau des US-Präsidenten Bill Clinton acht Jahre First Lady der USA, sitzt im US-Senat und ist später unter Präsident Obama Außenministerin. Sie geht aufgrund ihrer Bekanntheit und politischen Erfahrung als klare Favoritin in den Wahlkampf.

Doch Hillary hat ein Problem, sie ist nicht sonderlich populär. Selbst im eigenen demokratischen Lager nicht. Auch sie stammt aus einer wohlhabenden Familie, sie ist durch gut bezahlte Vorträge sogar zur Millionärin geworden. Und sie wirkt auf die Menschen kalt und unnahbar. Dazu gilt sie als Günstling der im Volk unbeliebten Wall-Street-Banker. Tatsächlich kann sie sich erst nach einem überraschend harten und engen innerparteilichen Wahlkampf gegen den zuvor völlig unbekannten Bernie Sanders durchsetzen.

Aber damit scheint die wichtigste Hürde genommen. Trotz der »E-Mail-Affäre« um die unerlaubte Nutzung eines privaten Servers prognostizieren nahezu alle Umfragen im Herbst 2016 einen klaren Wahlsieg der Demokratin. Clinton ist ein Politprofi mit einem Team aus erfahrenen Wahlkämpfern. Und ihr Gegner Trump hat keine Politikerfahrung und verschreckt die Öffentlichkeit mit sexistischen oder rassistischen Äußerungen.

8. November 2016: Der Wahltag ist da.

Und Hillary Clinton bekommt erwartungsgemäß viele Stimmen. Mehr Stimmen als John F. Kennedy bei seinem Erfolg 1960, mehr Stimmen als Ronald Reagan, George Bush und sogar deutlich mehr Stimmen als ihr Ehemann Bill Clinton bei seinen Wahlsiegen 1992 und 1996. Nur ein einziger US-Präsident, Barack Obama, erreichte in der 220-jährigen US-Wahl-Geschichte mehr Wählerstimmen. 48,18 Prozent aller abgegebenen Stimmen gehen an Clinton, Konkurrent Trump kommt nur auf 46,09 Prozent. Sie hat einen Vorsprung von 2,9 Millionen Stimmen.

Aber: Clinton verliert die US-Präsidentschaftswahl! Sie hat es nicht geschafft, die Mehrheit der sogenannten Wahlmännerstimmen zu erringen. Die Wahlmänner wählen den US-Präsidenten. Diese Wahlmänner (und Wahlfrauen) werden von den Bundesstaaten ernannt, daher kommt es auf die regionalen Siege an. Und hier liegt Donald Trump vorn.

Clinton gewinnt bevölkerungsreiche Staaten mit vielen Großstädten wie Kalifornien und New York. Trump siegt hingegen vor allem im Mittleren Westen und in Industriestaaten. Und das reicht. Er gewinnt 306 statt der benötigten 270 Wahlmännerstimmen. Am 20. Januar wird Donald Trump der 45. Präsident der Vereinigten Staaten von Amerika.

Hillary Clinton ist nicht die erste Kandidatin, die trotz einer Stimmenmehrheit beim Volk nicht die US-Präsidentschaft gewinnt. Bereits viermal zuvor haben Kandidaten verloren, obwohl sie das sogenannte »Popular Vote« gewonnen haben. Darunter ist zum Beispiel Al Gore, der im Jahr 2000 George W. Bush unterliegt. Aber noch nie hat jemand mit einem solch großen Stimmenvorsprung von 2,9 Millionen Stimmen die Wahl verloren.

Dass Hillary Clinton von ihrer unerwarteten Wahlniederlage schwer getroffen ist, zeigt sich bereits bei ihrer Dankesrede direkt am Tag nach der Wahl. Unerwartet emotional zeigt sie sich vor ihren Anhängern. »Wir haben die gläserne Decke nicht zertrümmern können«, sagt sie über ihr Scheitern, erste US-Präsidentin zu werden. Nach der Rede liegt sie ihren Unterstützern in den Armen, Tränen fließen. Wochenlang taucht Clinton danach unter. »Ich musste mich dazu bringen, aus dem Bett zu steigen und lange Spaziergänge im Wald zu machen«, erzählt sie im Frühjahr 2017.

Zwei Mal war sie angetreten, um als erste Frau US-Präsidentin zu werden. 2008 scheiterte sie bei den Demokraten gegen Barack Obama. Und jetzt beim zweiten Anlauf wieder – »die größte anzunehmende Demütigung für Clinton, für die die Präsidentschaft die Erfüllung eines Lebenstraums gewesen wäre«, schreibt die *FAZ*.

Sechs Monate nach der verhängnisvollen Wahlnacht gibt die 69-jährige Wahlverliererin Clinton bekannt, dass sie nie wieder für ein öffentliches Amt kandidieren wird.

Das Stoppuhrenchaos

27. August 1960, 21:11 Uhr, Rom, Stadio Olimpico del Nuoto.

Weiß gekleidete Männer gestikulieren wild am Rand eines Schwimmbeckens umher. Andere kommen hinzu und zucken ratlos die Schultern. Zwei junge Athleten in Badehose blicken die scheinbar wichtigen Männer Hilfe suchend und ängstlich an. Der Australier John Devitt und der US-Amerikaner Lance Larson hatten sich gerade einen mitreißenden Schwimmwettkampf über 100 Meter Freistil geliefert. Es ist nicht irgendein Wettkampf, es ist die wichtigste Entscheidung im Schwimmen bei den Olympischen Spielen in Rom. Und es kommt zu einem fatalen Fehlurteil.

Der Australier Devitt auf Bahn drei liegt nach 70 Metern erstmals vorn. Doch Larson, der smarte Sonnyboy aus Kalifornien direkt auf Bahn vier neben ihm, kämpft sich heran. Beide arbeiten sich einen Vorsprung auf das restliche Feld heraus. Es ist klar: Nur unter ihnen wird der Olympiasieg entschieden. Sie pflügen durchs Wasser und kommen scheinbar zeitgleich an.

Die erstmals durchgeführte elektronische Zeitmessung stoppt Larson jedoch bei 55,10 Sekunden, Devitt bei 55,16 Sekunden. Auch die vorgeschriebenen manuellen Zeitnehmer sehen den 20-jährigen Amerikaner vorn. An seiner Bahn bleiben zwei Stoppuhren bei 55,1 Sekunden stehen, die dritte sogar bei 55,0

Sekunden. Die drei Zeitnehmer beim Australier stoppen 55,2 Sekunden. Keine Frage. Larson ist schneller, Larson ist Olympiasieger. Fair gratuliert Devitt seinem Kontrahenten.

Doch nicht die Zeitnehmer, nicht die – nur als Back-up vorgesehene – elektronische Messung bestimmt 1960 den Ausgang eines Schwimmwettkampfs. Sechs in Weiß gekleidete Schiedsrichter entscheiden über den Olympiasieg. Und die stehen am Beckenrand, schauen beim Finish ins Wasser und verlassen sich allein auf ihr Auge. Das Problem: Drei Richter sehen Lance Larson vorn, drei Richter votieren für Devitt. 3:3. Eine Pattsituation.

Wild wird diskutiert. Was sollen sie jetzt machen? Dann kommt Henry Runströmer hinzu. Der Schwede ist verantwortlich für die Richter bei den Schwimmwettbewerben. Er ist zuständig für die Einteilung der Richter, für den korrekten Ablauf und die Einhaltung der FINA-Regeln. Die Regeln des internationalen Schwimmverbandes.

Und genau über diese Regeln setzt Runströmer sich jetzt hinweg. Denn diese sehen eigentlich vor, dass bei einem Remis die offizielle Zeitnahme über die Platzierung entscheidet. Und diese hat Larson ja auf Rang eins gestoppt. Runströmer selbst hatte das spannende Rennen auch verfolgt. Allerdings aus rund 20 Metern Entfernung. Aber er ist quasi der »Oberschiedsrichter«. Und er entscheidet: Olympiasieger ist John Devitt. Aber da gibt es ja ein Problem. Devitt schwamm 55,2 Sekunden, Larson jedoch 55,1 Sekunden. Der Gewinner kann schließlich nicht langsamer als der Zweitplatzierte sein. Kurzerhand wird auf Anweisung von Runströmer die Zeit von Larson auf 55,2 runterkorrigiert.

Lance Larson ist fassungslos. »Ich fühlte mich, als hätte mir jemand gesagt, meine Familie wäre bei einem Unfall ums Leben gekommen«, verrät Larson laut *Spiegel Online* später. Traurig schleicht er nach der Siegerehrung mit seiner Silbermedaille aus dem Schwimmstadion. Er trifft auf seinen Trainer Peter Daland. Dieser nimmt seinen betrübten Schützling in den Arm: »Du hättest es halt nicht so knapp machen dürfen.«

Die Brüder McDonald riechen
den Braten nicht

Raymond Kroc verkauft Milchshake-Maschinen. Das Geschäft geht ganz gut, er ist ein guter Redner und verkauft regelmäßig ein bis zwei Maschinen an Restaurants. Jetzt aber bestellen diese Restaurantbetreiber aus San Bernadino in Kalifornien acht Maschinen. Acht Milchshake-Maschinen! Eine unfassbare Zahl, wer hat so viele Kunden, dass er acht Milchshake-Maschinen benötigt? Kroc schaut sich dieses Restaurant ganz genau an – und was er sieht, verändert nicht nur sein Leben. Die Betreiber Richard, genannt »Dick«, und Maurice »Mac« McDonald machen alles anders. 1948 haben sie bereits ihr Restaurant auf Selbstbedienung umgestellt. Sie kürzen die Zahl der Gerichte auf ein Dutzend zusammen, verkauft wird nur, was schnell und einfach herzustellen ist. Allen voran Pommes frites und Hamburger. 30 Sekunden nach der Bestellung erhält der Kunde sein Essen. Einfach unfassbar.

Sie haben sich sogar ausgeweitet und weitere Filialen mit Franchisenehmern lizenziert. Doch diese laufen irgendwie nicht so gut wie ihre eigene Hauptfiliale. Und jetzt kommt Raymond Kroc und will auch noch eine weitere Franchiselizenz. Die Brüder McDonald sind skeptisch. Die Betreuung der Lizenznehmer macht viel Arbeit und bringt wenig ein.

Kroc macht ihnen einen Vorschlag. Er kümmert sich für die McDonald-Brüder um alle weiteren Franchisenehmer. Dafür bekommt er 1,4 Prozent, Dick und Mac 0,5 Prozent vom Umsatz jeder Filiale. Die McDonald-Brüder willigen ein. 1954 eröffnet Kroc seine eigene Filiale in Des Plaines im Bundesstaat Illinois. Es folgen 34 000 weitere McDonald's-Filialen in der ganzen Welt. Alle werden bis heute im Franchiseverfahren vergeben.

Die McDonald-Brüder und deren Erben würden auf Basis dieses Vertrags heute 180 Millionen Dollar verdienen. Und das jährlich. Doch Dick und Mac lassen sich 1961 auf einen neuen Deal ein. Von dem sie glauben, er ist noch besser für sie.

Der Vertrag mit den McDonald-Brüdern sieht vor, dass Kroc für die Expansion zuständig ist, während die Brüder die Kontrolle über die Produktion behalten und an den Gewinnen beteiligt werden. Doch Kroc ist unzufrieden mit dieser Konstellation. Er will die ganze Macht über McDonald's haben, er will alle Rechte übernehmen. Denn er muss sich bei allen Innovationen und Produktideen weiter mit den McDonald-Brüdern abstimmen. Und das ist mühsam.

Daher besorgt sich Kroc 2,7 Millionen US-Dollar von Investoren. Für diese Summe will er den McDonald-Brüdern alle Rechte abkaufen. Auch das Recht an diesem einprägsamen goldenen Doppelbogen, der über den McDonald's-Filialen prangt. Und nach einigem Zögern stimmen Dick und Mac dem Angebot zu. 2,7 Millionen Dollar sind viel Geld. Sie können mit ihren Familien zurück in ihre Heimat New Hampshire ziehen und sich dort in großen Eigenheimen zur Ruhe setzen.

Die Brüder verzichten somit auf die 0,5 Prozent Beteiligung an den Einnahmen aller zukünftigen McDonald's-Restaurants. Und somit auf mehrere Milliarden US-Dollar.

»Meine Frau und ich sehnten uns nie nach einer Jacht, das ist nicht unser Stil«, meint Richard McDonald 1998 kurz vor seinem Tod. Laut dem Buch *Die größten Pechvögel* von Fehringer, Reischl und Stadlbauer gönnte sich der jüngere McDonald-Bruder nur bescheidenen Luxus mit gelegentlichen Besuchen im Ritz-Carlton, um ein gutes Steak zu essen.

Raymond Kroc stirbt 1984, McDonald's macht zu diesem Zeitpunkt einen Umsatz von 8 Milliarden US-Dollar. Sein Privatvermögen beträgt zum Zeitpunkt seines Todes über 500 Millionen Dollar. Mit seinem Franchisesystem revolutioniert er die Wirtschaftswelt. Sein Leben wird 2016 mit Michael Keaton in der Hauptrolle in *The Founder* verfilmt.

Den McDonald-Brüdern und ihren Erben bleiben nur Ruhm und Name der größten Restaurantkette – und des berühmtesten Burgers der Welt, des »Big Mac«.

Von der Bühne an die Front

Sommer 1989. Die Rockband Nirvana ist auf einer kleinen Tournee durch die USA. Sänger Kurt Cobain trägt mit Leidenschaft seine größtenteils selbst komponierten Songs vor. Parallel spielt er auch noch Gitarre, beides zusammen klappt nur mäßig. Er ist schlicht überfordert. Singen, dazu die neuen Texte in Erinnerung rufen und Gitarre spielen. Das funktioniert einfach noch nicht. Gut, dass er gerade einen zweiten Gitarristen in die Band geholt hat. Jason Everman unterstützt ihn als Gitarrist. Everman ist ein langjähriger Freund von Nirvana-Schlagzeuger Chad Channing. Für ihn ist das alles ein großes Abenteuer.

Vor sechs Monaten ist er bei der Band eingestiegen, die eine Single produziert hatte. Es folgten Anfang 1989 die Aufnahmen für ein Album. Da aber keiner der Nirvana-Bandmitglieder das Geld für die Kosten der Albumproduktion hat, bezahlt Everman aus seiner privaten Tasche die 600 US-Dollar für die Studiomiete.

Heraus kommt das Nirvana-Debütalbum *Bleach*. Das Cover zeigt ein Negativfoto von Jason Everman zusammen mit Kurt Cobain und den anderen Nirvana-Musikern. Er wird auch als zweiter Gitarrist neben Kurt Cobain auf *Bleach* namentlich genannt. Ob Everman jedoch wirklich als aktiver Musiker bei den Aufnahmen mitgewirkt hat, ist bis heute umstritten. Er ist aber mindestens bei zwei heute noch erhältlichen Nirvana-

Aufnahmen Gitarrist: »Do You Love Me« vom Indie-Tribute-Album *Hard to Believe* und bei »Dive« von der Nirvana-Compilation *With the Lights Out.*

Nirvana spielt danach zahlreiche Konzerte quer durch die Vereinigten Staaten, um bekannt zu werden. Mit auf der Bühne: Gitarrist Jason Everman. Der eher introvertierte Privatmensch ist auf der Bühne eine echte Rampensau. Er genießt die Liveauftritte. Große Gesten, Interaktion mit dem Publikum. Das ist sein Ding. Den anderen Nirvana-Mitgliedern geht das regelmäßig auf die Nerven. Kurt Cobain bezeichnet sein Gehabe auf der Bühne als zu »showbizzy«. Die Folge: Am 18. Juli 1989, mitten auf der Tour, fliegt Jason Everman aus der Band.

Drei Wochen später erscheint das Album *Bleach* und wird ein erster Achtungserfolg. 24 Monate später folgen der Megahit »Smells Like Teen Spirit« und das legendäre Album *Nevermind*. Nirvana ist im Jahr 1991, nur zwei Jahre nach dem Aus von Jason Everman, die angesagteste und erfolgreichste Rockband der Welt.

Der 23-jährige Jason hat nach seinem Ende bei Nirvana weiter Lust aufs Musikerleben. Er kommt nach kurzer Suche bei Soundgarden unter, einer anderen Band aus Seattle, die 1989 sogar schon zwei Alben eingespielt und einen Plattenvertrag bei einem der großen Major-Label hat. Und sie suchen einen neuen Bassisten. Gitarrist Jason Everman sattelt um und heuert bei der Band von Sänger Chris Cornell an. Sie ist auf großer USA-Tournee und spielt unter anderem als Vorband von Faith No More. Im April 1990 geht Soundgarden wieder ins Studio, am Bass Jason Everman. Sie spielen das Beatles-Cover »Come

Together« ein. Als B-Seite von »Hands All Over« kommt der Song sogar in die britischen Charts.

Nach den Studiosessions geht es auf Europatournee. Doch auch hier kommt es zu ersten Spannungen zwischen Jason und den anderen Bandmitgliedern. Nach dem Ende der Europatour verlässt Jason Everman im Sommer 1990 Soundgarden. »Die Chemie zwischen uns hat einfach irgendwie nicht gepasst«, sagt Gitarrist Kim Thayil 1992 dem *Rolling Stone*.

Die Band Soundgarden wird mit Megahits wie »Black Hole Sun« – neben Nirvana – zur zweiten großen Band des Grunge-Rock und verkauft in den folgenden Jahren weltweit 22 Millionen Platten und CDs.

Doch als »Black Hole Sun« 1994 weltweit als Hit in den Radiostationen läuft, hat Jason Everman bereits ein ganz neues Leben begonnen. Er dient als Freiwilliger bei der US-Armee. Aus dem langhaarigen Rockmusiker ist ein Soldat geworden. Der jetzt kahl geschorene Everman wird im Irakkrieg eingesetzt und kämpft später in Afghanistan gegen die Taliban. Er heuert sogar bei der Army-Elitetruppe, den Special Forces, an.

Hin und wieder wird er von seinen Drill Sergeants auf Fotos in Zeitschriften angesprochen. Sie zeigen ihn mit Kurt Cobain, der mittlerweile Selbstmord begangen hat und zur Ikone der 1990er-Jahre geworden ist.

2017 nimmt sich Soundgarden-Sänger Chris Cornell das Leben. Jason Everman überlebt Rock-'n'-Roll-Business und Army-Kampfeinsätze. Er studiert nach seiner Zeit als Soldat Philosophie und arbeitet heute als Militärberater.

Das Missgeschick bei der weltgrößten Misswahl

Sie hat es sich so sehr gewünscht. Hat alles dafür getan. Und jetzt ist es so weit. Sport, die ganzen Diäten, das stundenlange Üben des perfekten Lächelns vor dem Spiegel.

Für Ariadna Gutiérrez hat es sich jetzt und hier in Las Vegas ausgezahlt. Die 21-jährige Kolumbianerin ist soeben zur schönsten Frau des Universums gekürt worden. Moderator Steve Harvey hat das südamerikanische Model live vor Millionen TV-Zuschauern in aller Welt als Gewinnerin der Miss-Universe-Wahl 2015 verkündet. Vorjahressiegerin Paulina Vega – ebenfalls aus Kolumbien – setzt ihr die Siegeskrone auf ihre brünette Haarmähne. Ariadna schwenkt mit Freudentränen in den Augen eine Miniflagge ihres Heimatlandes. Auf die Gewinnerin warten nun eine Geldprämie, hochwertige Sachpreise der Sponsoren, eine Traumwohnung in New York City und jede Menge Fotojobs. Sie wirft strahlend Küsschen ins Publikum. Und Kolumbiens Staatspräsident Juan Manuel Santos twittert enthusiastisch: »Kolumbianerinnen sind die Schönsten der Welt.« Doch die Freude währt nur kurz.

Denn ausgerechnet Steve Harvey, dem wohl besten und berühmtesten US-Moderator, ist ein Fehler unterlaufen. Er hat die falsche Siegerin verkündet! Miss Kolumbien ist nur Zweite. »Leute, ich muss mich entschuldigen«, sagte er mitten in den Feierlichkeiten beschämt. »Miss Universe 2015 ist Miss Philippinen!« Ariadna Gutiérrez entgleiten die Gesichtszüge. Regungslos steht sie auf der gigantischen Bühne des Planet-Hollywood-Hotels in Vegas. Das Glitzerkrönchen wandert von ihrem Kopf auf den Kopf der Deutsch-Philippinerin Pia Alonzo Wurtzbach, die in Stuttgart geboren wurde. Tapfer versucht Ariadna, weiter auf der Bühne vor Publikum und Kameras stark zu bleiben. »Alles passiert aus einem bestimmten Grund«, sagt sie. »Ich bin trotzdem froh, dass ich mitgemacht habe. Danke an alle, die für mich gestimmt haben.« Laut *Bild* hat Ariadna danach im Backstagebereich »fürchterlich geweint« und sei »von einer Menge Frauen umringt gewesen, die alle versucht haben, sie zu trösten.«

Auch Internetvideos nach der Zeremonie zeigen, wie bei ihr die Tränen fließen. Diesmal sind es keine Freudentränen.

Wie ist es zu dieser Panne gekommen?

Viele Gerüchte machen seit diesem 20. Dezember 2015 die Runde. Die offizielle Version: Moderator Steve Harvey hat von seiner Moderationskarte falsch abgelesen. Dort steht »1st Runner Up Columbia«, zu Deutsch »Erste Nichtgewinnerin« beziehungsweise »Zweitplatzierte Kolumbien«. Harvey habe demnach nur »1st« gelesen und hat so fälschlicherweise Miss Kolumbien zur Siegerin erklärt.

Doch es gibt viele Zweifel an dieser Version. Denn Fotos belegen, die Moderationskarte enthält auch – in deutlicher größerer Schrift – folgende Worte: »MISS UNIVERSE 2015 Philippines«. Macht ein 58-jähriger Moderationsprofi wirklich einen solchen folgenschweren Fehler?

Verschwörungstheorien machen schnell die Runde. Ein Gerücht besagt, dass es eine vorgetäuschte Panne gewesen sei, um dem neuen Rechtehalter der Miss-Universe-Wahl mehr Aufmerksamkeit zu verschaffen.

Andere Gerüchte besagen, Steve Harvey habe vom Teleprompter abgelesen, und dort stand die falsche Gewinnerin. Er versuchte danach, mit seinem Fehlereingeständnis die Kollegen zu schützen, die den eigentlichen Fauxpas begangen hatten. Oder passte eine erneute Gewinnerin aus Kolumbien vielleicht nicht ins Konzept?

Leidtragende ist auf jeden Fall Ariadna Gutiérrez, die für zwei Minuten im strahlenden Miss-Universe-Himmel gewesen ist – und dann brutal auf den Boden zurückgeholt wurde.

Für die Pechmarie aus Kolumbien gibt es jedoch ein – kleines – Happy End. Hollywood wird auf die 178 Zentimeter große Schönheit aufmerksam. 2017 ist Ariadna an der Seite von Superstar Vin Diesel in *xXx – Die Rückkehr des Xander Cage* im Kino zu sehen.

Die »Fidget-Spinner«-Erfinderin, die leer ausgeht

1997 meldet Catherine Hettinger aus Orlando eine Erfindung im US-Patentamt an. Das Patent mit der Nummer US5591062 ist heute Millionen von Dollar wert. Nun ja, genauer gesagt, es wäre heute Millionen von Dollar wert. Es ist ein sogenanntes Spinning Toy, ein sich drehendes Spielzeug. Eine Drehscheibe, die in der Hand gehalten wird und nach einem ersten Schubs möglichst lange rotieren soll. Ein perfektes Spielzeug, um Kinder – in Zeiten vor iPad und Co. – selbst zu beschäftigen. Und es soll laut Erfinderin Hettinger einen »beruhigenden Einfluss« haben. Den Prototyp hat sie aus Zeitungspapier und Klebeband gebastelt.

20 Jahre später heißt die Erfindung in leicht veränderter Form »Fidget Spinner« – Handkreisel. Und Millionen Kids in den USA und Europa spielen im Sommer 2017 mit dem wirbelnden kleinen Spielzeug für die Hand. Doch außer ein wenig Ruhm hat Catherine Hettinger leider nichts davon.

Nach der geglückten Patentanmeldung versucht die patente Frau aus Florida ihr Glück bei Spielwarenkonzernen. Irgendjemand wird doch den Spinner herstellen und vertreiben wollen. Irgendjemand wird doch die Magie dieses einfachen Spielzeugs verstehen. Doch sie erhält nur Absagen. Keiner will ihre Erfindung als Spielzeug herausbringen. Eine Chance hat sie noch: Der Spielzeuggigant Hasbro gibt ihr die Chance für eine Präsentation. Aufgeregt wartet die Hausfrau und Mutter mit ihrem Spinner im Vorzimmer des Vizepräsidenten. »Es ist ja nicht einfach, in so einen großen Konzern reinzumarschieren und einen Deal zu machen. Da ist man total aufgeregt. Also nahm ich meine Erfindung, spielte etwas damit und tatsächlich war die Aufregung schnell verflogen. Da wusste ich, ja, meine Erfindung funktioniert«, erinnert Hettinger sich in einem Interview mit dem US-Magazin *Money*.

Doch im Jahr 1997 ist die Zeit scheinbar noch nicht reif für den Spinner. Per Post erhält Catherine Hettinger ein paar Wochen später eine Absage von Hasbro. Und so spielt außer ihrer damals zehnjährigen Tochter Sara kein Kind auf dieser Welt mit einem Fidget Spinner.

Acht Jahre vergehen und die Verlängerung des Patents steht an. Im Jahr 2005 muss Catherine 400 Dollar, umgerechnet 350 Euro, bezahlen. Ansonsten läuft der Schutz ihres geistigen Eigentums aus. »Ich konnte das Patent nicht verlängern, ich hatte damals das Geld einfach nicht«, erzählt sie der englischen Tageszeitung *Guardian*.

Diesmal vergehen fast elf Jahre. Im Sommer 2016 erobern kleine, eigentlich sinnlose Spielzeuge Büros und Kinderzimmer dieser Welt – die Fidget Toys. Kugelschreiberklicken und Fingernagelkauen werden abgelöst von kleinen Gadgets wie dem Fidget Cube, einem Würfel mit Schaltern und Druckknöpfen. Alles kann man ohne erkennbaren Nutzen drehen und betätigen. Kurz darauf kommt der Fidget Spinner hinzu, eine handliche Kreuzung aus Propeller und Wurfstern, der sich im Idealfall minutenlang rotieren lässt. Er wird zum millionenfach verkauften Spielzeug. Und er hat Ähnlichkeit mit dem zwanzig Jahre alten Spinning Toy von Catherine Hettinger.

Schnell berichten Zeitungen und Journalisten aus aller Welt über die Erfinderin des Megaspielzeugs. Und so erfährt auch die ganze Welt, dass die Erfinderin des Fidget Spinner keinen einzigen Dollar mit ihrer Erfindung verdient. Catherine Hettinger, mittlerweile 62 Jahre alt, lebt in Armut. Um Geld zu sparen, ist sie gerade in eine kleinere Wohnung in einen Vorort von Orlando gezogen.

Aber verbittert ist sie trotzdem nicht. »Ich freue mich einfach, dass ich etwas erschaffen habe, das den Menschen Freude macht«, sagt sie dem *Guardian*.

Ohne Patentschutz kann jede Firma der Welt einen eigenen Fidget Spinner auf den Markt bringen. Einer der größten Anbieter ist übrigens der Spielzeugkonzern Hasbro.

Der Mann, der eigentlich
»Marty McFly« ist

Es ist vermutlich die bekannteste Umbesetzung der Kinoge-schichte: Fünf Wochen lang ist Eric Stoltz der kommende Su-perstar in Hollywood. Denn für fünf Wochen ist Eric Stoltz Hauptdarsteller einer Steven-Spielberg-Produktion. Er ist Marty McFly im späteren Kinohit *Zurück in die Zukunft*. 35 Tage lang dreht er Szenen mit Biff, Lorraine oder Doc Brown. Doch dann fliegt er trotz gültigen Vertrags raus. Alle Szenen werden noch einmal gedreht. Sein Nachfolger ist Michael J. Fox – und wird mit dieser Rolle zum Hollywood-Megastar. Der unfassbare Grund für den Rauswurf: Eric Stoltz wollte seinen Job einfach zu gut machen.

Wie cool wäre es, in die Vergangenheit zu reisen und dort zu überprüfen, wie die eigenen Eltern als Jugendliche waren? Aus dieser einfachen Idee wollen Regisseur Robert Zemeckis und Produzent Steven Spielberg einen Kinohit machen. Die mittlerweile legendäre Handlung: Schüler Marty McFly reist versehentlich per Zeitmaschine in das Jahr 1955, trifft dort auf seine – zukünftigen – Eltern und versucht, zurück in das Jahr 1985 zu kommen.

Für die Hauptrolle wird der 23-jährige Eric Stoltz verpflich-tet. Eric hat Schauspiel studiert und bereits eine begehrte

Tony-Nominierung für sein Broadway-Debüt bekommen. Nach einigen Nebenrollen steht er jetzt kurz vor dem großen Durchbruch als Filmstar. Und eine Hauptrolle in einer Steven-Spielberg-Produktion ist da natürlich genau das Richtige.

Eric identifiziert sich schnell voll mit der Rolle des Marty McFly. Er lässt sich von den anderen Darstellern und den Crewmitgliedern auch in den Drehpausen stets als Marty anreden, berichtet Caseen Gaines in seinem Buch *We Don't Need Roads* zum 30. Geburtstag des Kultfilms. In jede Szene will er seine ganze Intensität, seine ganze Emotion reinlegen. Er will es so gut wie möglich machen. Genau wie er es in New York bei der Method-Acting-Lehrerin Stella Adler gelernt hat. Er spielt Marty McFly nicht, er *ist* Marty McFly.

Dies kommt allerdings bei Regisseur Zemeckis und Produzent Spielberg nur bedingt gut an. Der Film soll eine leichte Science-Fiction-Komödie sein. Und den Humor, die Leichtigkeit soll vor allem die Hauptfigur Marty verkörpern. Eric Stoltz versucht es, gibt sein Bestes, doch die Dramatik, die er am Ende ungewollt jeder Szene mitgibt, verärgert zunehmend Crew und Schauspielkollegen. In der berühmten Cafeteriaszene soll es einen leichten Schubser für seinen Filmrivalen Biff geben. Doch Eric Stoltz »spielt« die Szene nicht, sondern lässt es auf eine handfeste Auseinandersetzung ankommen. Dabei verletzt er sogar Biff-Darsteller Thomas F. Wilson.

Co-Star und Hauptdarstellerin Lea Thompson alias Lorraine erzählt im Buch von Caseen Gaines: »Es war nicht der richtige Film, um sich so zu geben. Eric war so intensiv. Er sah Drama in allen Dingen. Er war kein Komiker, aber sie brauchten einen Komiker. Er ist im wahren Leben wirklich richtig lustig, aber er geht nicht an seine Arbeit heran.«

Nach fünf Wochen ziehen Zemeckis und Spielberg die Reißleine. Filmfirma Universal wird darüber informiert, dass Hauptdarsteller Stoltz gefeuert wird. Regisseur Zemeckis teilt es dem konsternierten Eric Stoltz persönlich mit. Er sei leider nicht komisch genug und somit raus.

Danach wird Michael J. Fox engagiert, der auch schon ursprünglich erste Wahl war. Allerdings kam er damals nicht aus seinem TV-Vertrag für die Serie *Familienbande* raus. Auch diesmal übrigens nicht, er dreht *Zurück in die Zukunft* parallel nach Drehschluss von *Familienbande*.

Zurück in die Zukunft wird 1985 der weltweit erfolgreichste Kinofilm. Bei Kosten von 18 Millionen Dollar spielt er über 380 Millionen Dollar ein. Zwei erfolgreiche Fortsetzungen machen Hauptdarsteller Michael J. Fox endgültig zum Megastar und Multimillionär.

Eric Stoltz dagegen ist als Schauspieler nach seiner *Zurück-in-die-Zukunft*-Pleite nur noch mäßig erfolgreich. Eine Hauptrolle in *Die Fliege 2* oder die Nebenrolle des Lance in *Pulp Fiction* sind seine bekanntesten Werke. Mittlerweile ist er vor allem als Regisseur tätig.

Allerdings haben findige Fans herausgefunden, dass in einer Szene von *Zurück in die Zukunft* tatsächlich noch Eric Stoltz zu sehen ist. Den Faustschlag gegen Biff im Café hatte man nicht mehr mit Michael J. Fox nachgedreht – so ist er für eine halbe Sekunde von hinten im Film zu sehen.

Übrigens: Noch größeres Pech als der übermotivierte Unglücksrabe Eric Stoltz hat seine Filmpartnerin Melora Hardin.
Sie spielt die Freundin von Marty im Jahr 1985 und wird parallel zu Eric ausgewechselt. Grund: Michael J. Fox ist deutlich
kleiner als Eric Stoltz – und somit wäre sie größer als ihr Film-
freund Marty gewesen. ·

Der verhängnisvolle Satz
eines Reporters

Jedes Jahr ist es das Gleiche in Gelsenkirchen: Von der ruhm-
reichen Vergangenheit und den Erwartungen einer ganzen
Region gelähmt, startet eine der besten Mannschaften der
Fußballbundesliga in die Saison. Und scheitert beim Kampf
um den Meistertitel. So geht es seit Jahrzehnten. Es ist ein
richtiger Komplex, ein Meister-Komplex. Seit 1958 ist Schalke
04 nie mehr Deutschlands bestes Fußballteam geworden.

Doch 2001 ist alles anders. Manager Rudi Assauer hat eine
exzellente Mannschaft zusammengestellt. Die linke Klebe von
Jörg Böhme, die unermüdlichen Arbeiter Gerald Asamoah
und Mike Büskens. Und vorn trifft Stürmer Ebbe Sand nach
Belieben ins gegnerische Tor.

Und vor dem letzten Spieltag hat Schalke 04 tatsächlich die
Hand an der Meisterschale. Als Tabellenzweiter müssen sie
nur ihr Heimspiel gegen Unterhaching gewinnen – und auf
eine Niederlage des FC Bayern beim Hamburger SV hoffen.
Ein durchaus realistisches Szenario. Denn der HSV würde vor
50 000 aufgepeitschten Fans alles dafür tun, dem unbeliebten
Südrivalen den Titel zu entreißen.

Tatsächlich gewinnt Schalke 04 am 19. Mai 2001 gegen die Spielvereinigung Unterhaching mit 5:3. Und fast zeitgleich mit dem Schlusspfiff um 17:17 Uhr im Schalker Parkstadion geht der HSV mit 1:0 gegen Bayern München in Führung. Schalke 04 ist zum ersten Mal seit 43 Jahren wieder Deutscher Meister, wenn sich am Ergebnis in Hamburg nichts mehr ändert.

Und jetzt kommt Rolf Harald »Rollo« Fuhrmann ins Spiel. Der TV-Reporter vom Sender Premiere, heute SKY, weiß um die Bedeutung dieses Tages. Er hat nur eine Aufgabe: Als sogenannter »Field«-Reporter muss er sofort nach Spielende die ersten emotionalen Interviews führen. Und sein erster Interviewpartner soll Schalke-Teammanager Andreas Müller werden.

Nach dem Schlusspfiff beim Spiel in Gelsenkirchen bricht der Jubel im Schalker Parkstadion los. Tausende Fans fluten den Innenraum, stürmen den Rasen und liegen sich freudetrunken in den Armen. Doch ist Schalke wirklich Meister? Das fragen sich Schalke-Verantwortliche und Fans vor dem TV-Gerät. Ist das Spiel in Hamburg wirklich aus, hat Bayern verloren?

Dies fragt sich auch Rollo Fuhrmann, kurz bevor er Andreas Müller interviewt. Seine Fragen an die Kollegen im Übertragungswagen werden nicht beantwortet. Und auch ein Livebild vom Spiel in Hamburg hat er nicht.

»Alle Monitore waren weg. Auch auf der Stadion-Videowall war noch nichts, die war für mich ohnehin nicht einsehbar. Dann plötzlich wie ein Lauffeuer im Innenraum: Es ist aus, es ist aus«, sagt Rollo Fuhrmann später in der Premiere-TV-

Dokumentation *04 Minuten im Mai*. Doch dies sind nur Gerüchte und hehre Wünsche von Schalke-Fans. Nichts ist bestätigt. Die Bestätigung gibt es erst jetzt von Fuhrmann selbst. In einem Fernsehinterview, das in die Geschichte eingeht.

Andreas Müller (im HSV-Trikot): »Ich weiß nicht, wie es steht. Ich glaube, Hamburg führt.«

Rollo Fuhrmann: »Es ist zu Ende in Hamburg, Schalke ist Meister.«

Andreas Müller: »Ganz großes Kompliment an den HSV. Vielen, vielen Dank. HSV, ich liebe euch.«

Jetzt wird aus der Hoffnung Gewissheit. Der Mann vom TV hat es ja quasi offiziell bestätigt: »Schalke ist Meister.« Jetzt brechen alle Dämme bei Königsblau. Schnell macht die frohe Kunde des Premiere-Reporters die Runde. Der Jubel kennt keine Grenzen. Fans sitzen weinend vor Freude auf dem Rasen. Die Schalker Mannschaft hat sich nach Spielende getrennt. Manager Rudi Assauer beordert sie in die Kabine, doch die Hälfte der Spieler bleibt im Innenraum bei ihrem Chef. Die Schalker Kicker Ebbe Sand und Youri Mulder fallen sich hier freudestrahlend in die Arme. Die Jubelbilder gehen, festgehalten von TV-Kameras und Fotografen, durch die ganze Nation.

Ihre Kollegen auf der Tribüne hingegen haben Zugang zu einem Fernseher. Und sehen, dass das Spiel in Hamburg doch noch läuft. Sekunden später wird das Livebild auch auf dem großen Stadionmonitor gezeigt. Nur langsam realisiert die jubelnde Menge, was dort zu sehen ist.

Und Rollo Fuhrmann erlebt die schlimmsten Sekunden seiner Reporterkarriere: »Wir hatten das Interview im Marathontor geführt, woanders war es nicht möglich. Ich gehe wieder rein in den Innenraum und sehe auf der Videowall, dass das andere Spiel noch läuft. In dem Augenblick wusste ich sofort, wenn da jetzt was passiert …«

Und es passiert etwas in Hamburg. Live verfolgt von 60 000 eben noch jubelnden Menschen im 500 Kilometer entfernten Parkstadion. Bayern-Verteidiger Patrik Andersson läuft zu einem Freistoß an. Effenberg legt vor. Flachschuss. Tor. Ausgleich. 1:1. Bayern ist Meister.

Die Schalker Freude schlägt binnen einer Sekunde in Trauer und Verzweiflung um. 60 000 Menschen sind fassungslos. Stille legt sich über das Stadion. Die Fans sind paralysiert. Nur im Hintergrund werden immer noch die Meister-Raketen in den Himmel geschossen.

Jeder Fußballfan in Deutschland kennt jetzt Rollo Fuhrmann. Überall wird er auf seinen Lapsus angesprochen, Woche für Woche. Jahr für Jahr. Peinlich ist dem stets um Seriosität bemühten Sportredakteur die Sache bis heute. Trotz dieses verhängnisvollen Fehlers wird Fuhrmann bis zum Ende seiner TV-Karriere 2019 auch danach noch freundlich in Gelsenkirchen empfangen. Er traut sich weiter zum FC Schalke 04. Anders als der Schiedsrichter, der in Hamburg auf den umstrittenen und entscheidenden Freistoß für Bayern München entschieden hat. Markus Merk pfeift bis zum Karriereende kein Spiel mehr auf Schalke.

Der Mondmann, der den Mond nie betreten hat

Er sollte als zweiter Mensch der Welt den Mond betreten. So war es bei der NASA geplant. Doch dann kommt alles anders. Und so wird aus Fred Haise nicht ein weltbekannter Astronaut, sondern nur einer der größten Pechvögel im All.

Aber beginnen wir von vorn: Fred Wallace Haise startet seine berufliche Karriere als Glückspilz. Unter Hunderten Bewerbern wählt die US-Raumfahrtbehörde NASA ihn am 4. April 1966 aus, um – neben 18 anderen Auserwählten – für die Apollo-Mondmissionen ausgebildet zu werden. Er war zuvor schon als ziviler Testpilot für die NASA tätig und hatte sich für das anspruchsvolle und prominente Mondmissionsprogramm beworben.

Und jetzt war der 33-jährige Mann aus Mississippi tatsächlich genommen worden. Er würde demnächst auf dem Mond spazieren gehen, so glaubte Haise. Das machte ihn zu einem der glücklichsten Menschen der Welt in dieser Zeit. Verheiratet mit seiner Jugendliebe Mary und versehen mit drei fantastischen Kindern, Tochter Mary und ihren jüngeren Brüdern Frederick und Stephen. Und jetzt würde er bald die unglaubliche Reise zum Mond antreten – und den Erdtrabanten betreten.

Dabei hatte der Teenager Haise mit Fliegerei und Raumfahrt nichts am Hut. Während seiner Highschool-Zeit schrieb er Artikel für die örtliche Zeitung in Biloxi und wollte Sportreporter werden.

Doch dann zog es ihn zur Fliegerei und im Jahr 1966 tatsächlich in das Astronautenprogramm der NASA. Noch vor Ablauf der 1960er-Jahre würden die ersten Amerikaner den Mond betreten. So hatte es der ehemalige US-Präsident John F. Kennedy verkündet. Und Haise sollte einer dieser Auserwählten werden. Nach rund zwei Jahren Ausbildung wird Haise im Oktober 1968 allerdings nur als Ersatzmann für die Apollo-8-Mission nominiert. Als die Saturn-V-Rakete im Dezember 1968 in die Erdumlaufbahn abhebt, bleibt Haise am Boden. So gehört er nicht zu den ersten Menschen die mit eigenen Augen die Rückseite des Mondes betrachten. Pech, aber kein allzu großes Drama. Denn die Apollo-8-Astronauten waren zwar im All – aber noch nicht auf dem Mond. Dies ist für die Apollo-11-Mission vorgesehen.

Und die NASA-»Spielregeln« besagen, dass die Ersatzcrew einer Apollo-Mission drei Flüge später die reguläre Hauptmannschaft werden wird. Also sind die Ersatzleute Neil Armstrong, Edwin »Buzz« Aldrin und Fred Haise für die Apollo-11-Mission im Juli 1969 vorgesehen.

Noch besser: Haise ist als Pilot der Mondlandefähre *Eagle* nominiert. Er soll damit der zweite Mensch auf dem Mond werden – direkt nach dem Apollo-11-Kommandanten Neil Armstrong. Doch jetzt beginnt die unglaubliche Pechsträhne von Astronaut Fred Haise.

Die NASA entschließt sich kurzfristig, Michael Collins anstelle von Buzz Aldrin als Pilot der Apollo-11-Mission einzusetzen. Collins war bereits für Apollo 8 vorgesehen, musste wegen Problemen an Bandscheibe und Halswirbelsäule allerdings operiert werden – und fiel somit aus. Nach seiner Genesung wird er jetzt als Pilot der Apollo-11-Raumkapsel favorisiert. Der ursprüngliche Pilot Aldrin soll aber im Apollo-11-Team bleiben, er wird zum Fahrer der Mondfähre ernannt. Und Fred Haise ist raus. Er rückt in die Ersatzmannschaft – und kommt wieder nicht zum Einsatz.

Zum Trost wird er nur neun Monate später als Fahrer der Landefähre *Aquarius* für die Apollo-13-Mission eingeplant. Und so soll er zumindest als sechster Mensch den Mond betreten. Der damals 36-jährige Haise wäre zudem der jüngste Mensch auf dem Mond geworden. Dieser Eintrag in die Rekordbücher war ihm sicher. Tatsächlich startet Haise am 11. April 1970 zu seinem ersten Weltraumflug – einem Flug zum Mond.

Doch es kommt zu einer Explosion im Raumschiff. Die Crew um Haise, Kommandant James Lovell und John Swigert, muss umkehren. Mit viel Glück im Unglück erreichen die drei Amerikaner wohlbehalten wieder die Erde. Diese dramatische Mission wird später in *Apollo 13* mit Tom Hanks in der Hauptrolle verfilmt. Fred Haise wird von Schauspieler Bill Paxton dargestellt.

Mit seiner Weltraumflugerfahrung ist er jetzt auch am Boden sehr gefragt: Beim Apollo-14-Flug dient er im NASA-Kommandozentrum als Capcom, als Verbindungssprecher zur Crew im All.

Doch natürlich träumt Haise weiter vom Betreten des Mondes. Aber seine Pechsträhne geht weiter: Für Apollo 16 im April 1972 ist er wieder nur Ersatzmann, diesmal allerdings als Vertretung für den Kommandanten John Young. Und nach der Drei-Flüge-Regel der NASA würde Fred Haise somit als Kommandant der Apollo-19-Mission im Juli 1972 nun endlich den Mond betreten.

Dies war seine letzte Chance, denn die NASA entscheidet, letztmals Apollo 19 auf den Mond zu schicken. Denn das Interesse der Amerikaner an der Monderoberung war in den Jahren nach 1969 massiv gesunken. Nach Apollo 19 sollte somit Schluss sein.

Doch auch diesmal verfolgt den Unglücksraben Haise das Pech: Aus Kostengründen wird auch die geplante Apollo-19-Mission gestrichen. Und Astronaut Haise, der eigentlich der zweite Mensch auf dem Mond werden sollte, schafft es somit niemals auf den kosmischen Begleiter der Erde.

Der Kartoffelchips-Erfinder: viel Ärger, kein Ruhm, kein Geld

Es ist der 24. August 1853. Ein großer Tag für das kleine Hotel Moon Lake in Saratoga Springs und seinen Küchenchef George Crum. Über viele Jahre hatte er hart dafür gearbeitet, dass das Hotelrestaurant im US-Bundestaat New York einen guten Ruf hat. Heute soll es sich endlich ein wenig auszahlen. Denn heute kommt ein prominenter Gast in das verschlafene kleine Nest am Hudson River, um hier zu speisen.

Cornelius Vanderbilt hat von dem ausgezeichneten Essen im Moon Lake gehört. Der Multimillionär ist einer der mächtigsten und reichsten Menschen in der Geschichte der USA und legt bei seinen vielen Reisen durch das Land stets Wert auf gutes Essen.

Und dafür hat der einflussreiche Unternehmer heute das Restaurant von George gewählt. Vanderbilt bestellt Bratkartoffeln mit Fleisch – und ist entsetzt, als er sein Gericht probiert. Die Bratkartoffelscheiben sind ihm viel zu dick, so etwas hat er nicht erwartet. Auch eine zweite Portion mit etwas dünneren Scheiben gefällt ihm nicht. Er verlangt umgehend nach dem Koch. Und George Crum bekommt eine saftige Standpauke zu hören, über seine mutmaßliche Unfähigkeit in der Küche. Am Ende verlangt Cornelius Vanderbilt erneut eine frische

Portion Bratkartoffeln. Natürlich mit noch dünneren Scheiben.

George Crum ist sehr stolz auf seine Kochkünste. Deshalb ist er maßlos verärgert über die Beschwerde des prominenten Gastes. Stocksauer kehrt er in die Küche zurück.

Der reiche Schnösel soll seine dünnen Bratkartoffeln bekommen, muss sich der 30 Jahre alte Koch gedacht haben. Er will sich rächen, auch wenn der prominente, zahlungskräftige Gast danach nie wiederkommt. George Crum schneidet hauchdünne Kartoffelscheiben, lässt sie dann extra zu lange in der Pfanne, sodass diese schon dunkel und hart werden. Die papierdünnen Kartoffeln salzt er dazu übermäßig. Dieses angebratene und versalzene Essen lässt er Vanderbilt bringen. Und wartet darauf, dass der Millionär wutschnaubend das Moon Lake verlässt. Doch nichts passiert.

So schaut der Afroamerikaner Crum neugierig durch die Küchentür in den Speisesaal. Und traut seinen Augen nicht. Gourmet Cornelius Vanderbilt hat die völlig versalzene, fast verkohlte Portion komplett aufgegessen – und ist begeistert. Da die harten Bratkartoffeln nicht mehr mit der Gabel aufzuspießen waren, hat er sie sogar mit der Hand gegessen. Eigentlich undenkbar in der damaligen feinen US-Gesellschaft. Aber diese knackigen, würzigen und fettigen Kartoffelscheibchen waren einfach zu gut, um sie liegen zu lassen.

Umgehend landet die Fingerfood-Spezialität als »Saratoga Chips« auf der Speisekarte des Moon Lake. Und auch auf den Speisekarten anderer Restaurants in der Region. Und so startet das neuartige Essen seinen Siegeszug um die Welt. Und findige Unternehmer wie Herman Lay füllen diesen neuen Kartoffelsnack zum »take away«, also zum Mitnehmen, in Tüten ab. Und verdienen so in den folgenden 160 Jahren bis heute viele Milliarden Dollar, D-Mark oder Euro. Allein in Deutschland werden über 500 Millionen Packungen Chips jährlich verkauft.

Doch George Crum und seine Nachfahren hatten und haben leider nichts davon. Denn der 1914 verstorbene Koch hatte nicht daran gedacht, seine – eher zufällige – Erfindung patentieren zu lassen. Und so konnte und kann jeder nach Herzenslust Kartoffelchips herstellen. »George Crum ahnte damals einfach nicht, was seine Erfindung für die Welt bedeuten würde. Heute liebt ja wirklich jeder Mensch Kartoffelchips«, erzählt die Stadthistorikerin von Saratoga Springs, Mary Ann Fitzgerald, in einem WDR-Interview. Zumindest etwas Ruhm aber ist dem armen George nachträglich zugekommen, in Saratoga Springs gibt es heute eine Kartoffelchips-Straße.

Wenn dich das Panini-Album zur WM schickt – dein Trainer aber nicht

Fast jeder Junge – und so manches Mädchen – träumt davon, einmal ein Profifußballer zu werden. Und wenn man es dann mit 18, 19 Jahren tatsächlich schafft, kommt dann auch gleich der nächste Traum. Genauer gesagt sogar zwei Träume. Jungprofis möchten einmal bei einer Fußballweltmeisterschaft dabei sein und auch einmal ihr Foto in einem Panini-Album sehen. Wobei das quasi zusammengehört. Denn seit der Fußball-WM 1970 produziert das italienische Unternehmen zu jeder Weltmeisterschaft seine Hefte, in die dann die entsprechenden Sammelbildchen geklebt werden. Nahezu weltweit werden die Bilder von Kindern und Erwachsenen gekauft und getauscht – hier dabei zu sein ist ein Ritterschlag für jeden Fußballer. Entsprechend groß ist die Freude beim jungen schwedischen Nationalspieler Christoffer Andersson Anfang 2002. Nachdem er in sieben von zehn WM-Qualifikationsspielen dabei war, ist es für die Panini-Redaktion Ende 2001 völlig klar: Andersson wird auch im WM-Aufgebot der Schweden im Sommer 2002 stehen. Denn damit in den Monaten vor der Fußball-WM die Sammelbilder auf dem Markt sind, muss sich Panini schon rund acht Monate vor Turnierbeginn auf den endgültigen WM-Kader jedes Landes mit 23 Spielern festlegen. Somit ist es schwieriger, in das Panini-Album zu kommen. Denn hier ist nur Platz für 16 Fußballer pro

Nation. Und diese hohe Hürde hat der blonde Schwede mit Bildnummer 445 schon mal genommen. Überhaupt scheint die WM-Teilnahme von Christoffer Andersson keine allzu gewagte Prognose zu sein. Er ist Stammspieler beim schwedischen Spitzenklub Helsingborg IF, hat Europapokal- und sogar Champions-League-Erfahrung. Und der defensive Mittelfeldspieler ist variabel einsetzbar. »Ich wurde sogar schon offiziell eingekleidet und war bei der Aufnahme des schwedischen WM-Songs dabei«, erzählt er später dem Fußballmagazin *11 Freunde*. Tatsächlich ist er auch im Video zum Song »Vi ska till WM« (»Wir fahren zur WM«) zu sehen. Doch die Weltmeisterschaft 2002 in Japan und Südkorea muss er dann doch vor dem Fernseher verfolgen. Das Trainergespann Lars Lagerbäck und Tommy Söderberg verzichtet auf Andersson.

Vier Jahre später steht die Fußball-WM 2006 in Deutschland an. Wieder qualifiziert sich das Team mit den drei Kronen auf den gelben Trikots. Und wieder steht der mittlerweile 28-jährige Andersson als Defensivspezialist in der schwedischen Nationalmannschaft. An der Seite der Stars Zlatan Ibrahimovic, Henrik Larsson und Freddie Ljungberg brilliert er in der Abwehr. Und hilft mit, dass Schweden sich mit nur vier Gegentoren in zehn Spielen für die WM-Endrunde in Deutschland qualifiziert.

Auch die Panini-Redaktion setzt wieder auf Christoffer Andersson. Und so erscheint er mit der Nummer 153 versehen zum zweiten Mal als Sammelbild für ein Fußball-WM-Album. Wieder kleben Millionen Fußballfans das Foto von Andersson im gelben Schwedendress in ihre Alben. Doch auch diesmal nimmt ihn Nationaltrainer Lars Lagerbäck nicht mit zum Turnier. Kurz vor der Weltmeisterschaft fliegt er aus dem

Kader und verfolgt auch diese WM nur vor dem TV-Gerät. Er wird erneut nicht in dem 23 Spieler umfassenden Kader berücksichtigt. Wutentbrannt und enttäuscht kommentiert Christoffer Andersson diese Entscheidung bei der schwedischen Zeitung *Sportbladet*: »Jemand musste geopfert werden, und das war ich. Lagerbäck hat mir ein Messer in den Rücken gestochen.« Er erklärt umgehend seinen Rücktritt aus der Nationalelf. Der Frust nach dieser erneuten Ausbootung ist nur allzu verständlich. Nationaltrainer Lars Lagerbäck hatte Pechvogel Andersson auch zwischenzeitlich zur Euro 2004 nicht mitgenommen.

Die ewige Nummer zwei

Anfang der 1990er-Jahre kommt es zu einer schicksalhaften Begegnung in Köln. Die vor allem bislang mit Schlagermusik erfolgreichen Komponisten und Produzenten Tony Hendrik und Karin Hartmann-Eisenblätter wollen jetzt auch mit englischsprachiger Musik Charthits schaffen. Und vielleicht sogar endlich einen Nummer-eins-Song in Deutschland. Das war ihnen trotz zahlreicher Hits mit Wolfgang Petry, Juliane Werding oder dem von ihnen initiierten Trio Bad Boys Blue einfach nicht gelungen. Aber mit diesem charismatischen Mann aus der Karibik könnte es klappen. Er hat Hit-Potenzial, vielleicht sogar Nummer-eins-Hit-Potenzial. Alexander Nestor wurde 1965 in Trinidad und Tobago geboren, lebt jetzt aber seit 1989 in Deutschland und macht Musik.

Gemeinsam mit Karin Hartmann und Tony Hendrik nimmt er einen Discosong auf. Vielleicht wird das ja der ganz große Hit, vielleicht sogar eine Nummer eins.

Und es sieht gut aus. Am 18. Januar 1993 wird »What Is Love« unter dem Nachnamen des Sängers, Haddaway, veröffentlicht. Und wird umgehend zum Hit. »What is love, baby don't hurt me« tönt es bereits ab Februar aus allen Boxen der Nation. Vom Schützenfest bis zur Großraumdisco, vom Schulfest bis zur goldenen Hochzeit. Niemand kommt an diesem eingängigen Euro-Disco-Titel vorbei. Überall wird zu diesem Lied getanzt, geschwoft und natürlich mitgesungen. Auf einen Schlag wird Sänger Haddaway in Deutschland zu einem Superstar. Und die Mission Nummer-eins-Hit sieht gut aus.

Ende Februar steigt der Song in die Charts ein, fünf Wochen später ist er bereits auf Platz drei der deutschen Verkaufshitparade. Und am 12. April springt Haddaway mit seinem Hit bereits auf Rang zwei. Nur noch Ace of Base mit ihrem Song »All That She Wants« übertrifft »What Is Love«. Aber die Schweden sind schon seit langen vier Wochen auf Rang eins. Die werden sicher schon bald den Platz an der Hitparaden-Sonne frei machen für die Sensationsdebütsingle des Wahlkölners. Doch so sehr die Deutschen »What Is Love« lieben und abfeiern – »All That She Wants« mögen sie noch etwas mehr und kaufen unverdrossen diese Single. So bleibt Ace of Base weitere vier Wochen auf Platz eins der Charts, direkt vor Haddaways »What Is Love«.

Doch Anfang Mai ist es endlich so weit. Die Firma Media Control, die die deutschen Charts ermittelt, verkündet am 3. Mai »All That She Wants« ist nicht mehr die Nummer eins in Deutschland. Doch statt Haddaway mit seinem Ohrwurm schnappt sich ein gewisser Snow mit »Informer« die Poleposition. Und der US-Rapper scheint danach festgeleimt auf der Nummer eins. Woche für Woche das gleiche Bild an der Spitze der deutschen Hitparade. Platz zwei für Haddaway, Platz eins für Snow. So geht es den ganzen Mai und Juni. Unglaubliche zehn Wochen bleibt der Titel »What Is Love« auf Platz zwei in Deutschland – und schafft es nie auf Platz eins. Kein anderer Song war jemals zuvor so lange auf Rang zwei, ohne es je an die deutsche Chartspitze zu schaffen. In sage und schreibe 13 Ländern wird der Titel ein Nummer-eins-Hit, darunter Norwegen und Österreich; nur in Deutschland klappt es nicht für den Wahlkölner.

Aber wer sagt denn, dass die Mission Nummer-eins-Hit gleich mit dem ersten Song gelingen muss? Noch im selben Jahr, 1993, veröffentlicht Haddaway seine zweite Single »Life«, wieder aus der Feder des Duos Hartmann und Hendrik. Und wieder dürfen die drei von ihrem Nummer-eins-Hit in Deutschland träumen. Und wie heißt es so schön auf der neu-en Platte: »Life will never be the same, life is changing« – Das Leben bleibt nie gleich, das Leben verändert sich.

Und wieder sieht es gut aus. Wieder singt ganz Deutschland den neuen Haddaway-Song mit. Radiosender spielen ihn als kommenden Sommerhit rauf und runter. Und am 9. August schnellt er von null auf Platz neun in die deutschen Charts. Und »Life« ist bereits drei Wochen später, am 30. August, auf – natürlich – Platz zwei.

Jetzt trennt nur noch »What's Up« von den 4 Non Blondes Haddaway und seine Songschreiber von der ersehnten Num-mer-eins-Platzierung in Deutschland. Aber auch in der Fol-gewoche gibt es das unveränderte Bild: »What's Up« auf Platz eins vor »Life« auf Rang zwei.

Ebenso am 13. September. Und auch eine Woche später mel-det Media Control: »What's Up« wurde etwas öfter verkauft als »Life«.

Fünf lange Wochen steht Haddaway auf Rang zwei, dann geht dem Song die Puste aus. Wieder schafft es Haddaway nicht nach ganz oben. Unglaubliche 15 Wochen, fast vier Monate, war der Sänger mit seinen beiden Hits 1993 auf Platz zwei der deutschen Charts. Doch nie auf Platz eins. Und schon kurz danach hatten die Musikfans in Deutschland die Nase voll von Euro-Dance-Musik, Haddaway schaffte es danach nicht mehr so hoch in die Verkaufscharts. Ach ja, Ende 1993 veröffentlicht der Bundesverband der Phonoindustrie die Jahrescharts mit den meistverkauften Singles der vergangenen zwölf Monate. Auf Platz zwei landet ein gewisser Haddaway.

Der nie gefundene Lottomillionär

Es ist der wohl mysteriöseste Fall der deutschen Kriminalge-
schichte. Besser, der deutschen Lotto-Krimi-Geschichte. Der
Fall beginnt harmlos im Februar 2014 im Landkreis Sigmaringen. Und endet mit einer bundesweiten Fahndung 13 Wochen
später. Einer Fahndung nach dem wohl größten Pechvogel
Deutschlands. Aber der Reihe nach.

Am 12. Februar betritt ein Mann oder eine Frau eine Lottoannahmestelle in Bad Saulgau, einem kleinen Ort in Baden-
Württemberg. Die Kurstadt ist mit knapp 13 000 Einwohnern
der größte Ort im beschaulichen Landkreis Sigmaringen. Und
hier beginnt das Drama. Es ist Mittwoch. Und was macht man
(oder frau) an einem Mittwoch in einer Lottoannahmestelle?
Richtig, Mittwochslotto spielen.

4, 18, 21, 29, 36 und 43. Das sind die angekreuzten Zahlen.
Doch sie werden an diesem Mittwoch nicht gezogen. Aber das
ist nicht weiter schlimm. Für die gezahlten 48 Euro ist der Lottoschein auch am kommenden Mittwoch wieder dabei. Und
an diesem 19. Februar trifft die getippte Zahlenkombination
exakt auf die gezogenen Lottokugeln zu. Schon kurz danach
veröffentlicht die Lottogesellschaft Baden-Württemberg die
Gewinnsumme: über 1,15 Millionen Euro hat der glückliche
Lottospieler zu erwarten. Es müsse nur der Tippschein vor-
gelegt werden und schon geht die Millionensumme auf das
gewünschte Konto.

Doch niemand meldet sich. Vielleicht ist der Lottogewinner –
oder die Gewinnerin – im Urlaub oder anderweitig beschäf-
tigt. Entsprechend werden zunächst die lokalen Medien – später auch die überregionalen Medien – informiert. Und von der
Stuttgarter Zeitung über die *SZ* bis zum *Focus* wird über den
vermissten Glückspilz berichtet. Eine quasi deutschlandweite
Fahndung nach dem Millionär in spe wird ausgeschrieben.

Doch nichts passiert. Wochenlang wird vergeblich nach dem
Menschen mit dem Tippschein aus Bad Saulgau gesucht.

Und nun, 13 Wochen später, droht der Glückspilz zum größten Unglücksraben zu werden. Denn nach 13 Wochen fließt
das Geld wieder zurück an die Lottogesellschaft, in einen Topf
der nicht abgeholten Gewinne. Und der Gewinner geht leer
aus. So besagen es die Spielregeln.

Tatsächlich ist es am 22. Mai 2014 so weit. Die Frist ist abge-
laufen. Der Gewinnanspruch erlischt und exakt 1 154 620,40
Euro verbleiben bei Lotto Baden-Württemberg. »Dass ein sol-
cher Gewinn nicht abgeholt wird, ist ein absoluter Ausreißer«,
sagt danach Lottochefin Marion Caspers-Merk der *Stuttgarter
Zeitung*. Dabei hatte der Pechvogel, der bis heute unbekannt
ist, noch Glück im Unglück: Die Superzahl hatte auf dem Lottoschein nicht gepasst. Sonst wären nämlich sogar 17,5 Millionen Euro futsch gewesen.

Hochmut kommt vor dem Fall – eine Showeinlage verhindert Olympiagold

Leistungssport ist immer auch ein wenig Entertainment und Showbusiness. »Zeig dem Publikum etwas, zieh eine Show ab. Sei ein guter Entertainer.« Das ist das unausgesprochene Motto. »Dann kennen und mögen dich die Leute – und du bekommst die fetten Werbeverträge.«

Das weiß auch die US-Amerikanerin Lindsey Jacobellis, als sie 2006 zu den Olympischen Winterspielen nach Turin reist. Sie ist erst 20 Jahre alt – aber die absolute Topfavoritin auf Olympiagold im Snowboardcross. Seit drei Jahren dominiert sie ihre Disziplin nach Belieben. Siege und Titel fliegen ihr nur so zu bei diesem Abfahrtsrennen der Snowboarder. Hier geht es nicht um Punkte für Ausdruck oder Stil, auch werden hier keine tollen Tricks auf dem Board bewertet. Es ist schlicht und einfach ein Wettrennen.

Los geht es für die Fahrer, nebeneinander aus der Startbox. Die Strecke ist eng und mit diversen Kurven und Sprüngen präpariert. Dadurch kommt es oft zu Kollisionen mit den Gegnern, was die Sportart auch für TV-Zuschauer schnell attraktiv gemacht hat. Die vier bis sechs Fahrer gehen gleichzeitig auf die Piste – und wer zuerst im Ziel ist, gewinnt.

Und das kann auch an diesem Freitag, dem 17. Februar 2006, beim Olympiafinale in Bardonecchia, vor den Toren Turins, nur Lindsey Jacobellis sein. Die Frau mit den blonden Locken ist amtierende X-Games-Siegerin und amtierende Weltmeisterin. Und sie ist trotz ihres jugendlichen Alters schon extrem abgezockt auf der Rennpiste. Sie kann und wird heute Geschichte schreiben, denn Snowboardcross ist zum ersten Mal eine olympische Disziplin. Und dieses historische allererste Gold holt sich Lindsey heute. Davon sind nach der Hälfte des Rennens die 7000 Fans vor Ort und Millionen TV-Zuschauer fest überzeugt.

Lindsey Jacobellis fährt vom Start weg an der Spitze, während die Fahrerinnen hinter ihr stürzen oder um die weiteren Medaillen rangeln. Schnell fährt das Mädchen aus Connecticut einen Vorsprung von 50 bis 60 Metern heraus. Eine Ewigkeit im Snowboardcross.

Sie ist bereits im Zielhang, niemand zweifelt mehr an ihrem Sieg. Nur noch zwei kleine Hüpfer, nur noch 50 Meter, und sie ist Olympiasiegerin. Aber nun kommt es zu dem Moment, der von den Winterspielen in Turin vielleicht am meisten in Erinnerung bleibt.

Beim vorletzten Sprung greift Jacobellis plötzlich in der Luft mit der Hand ans Brett. Sie will den Fans eine Showeinlage zeigen. Sie weiß, Fotografen- und TV-Kameras sind in diesem Moment nur auf sie gerichtet. Dieses Bild kann der Welt später zeigen, Olympiasiegerin Jacobellis ist nicht nur die beste, sondern auch die coolste Snowboarderin der Welt.

Sie macht einen Tricksprung, einen sogenannten »Grab«, doch dieser misslingt. Die 20-Jährige verkantet bei der Landung und stürzt in den Schnee. Kein schlimmer Sturz, sie bleibt unverletzt und rappelt sich schnell wieder auf. Es sind ja auch nur noch wenige Meter bis zur Ziellinie. Doch sie muss jetzt erst wieder an Geschwindigkeit gewinnen, und so saust die Schweizerin Tanja Frieden – eben noch unfassbare 60 Meter zurück – als Erste zur olympischen Goldmedaille. Pechvogel Lyndsey Jacobellis bleibt nur Silber. In Interviews erklärt sie direkt nach dem Rennen, ihr Griff ans Brett sei zur Stabilisierung des Sprunges notwendig gewesen. Doch das nimmt ihr niemand ab.

Erst einige Monate später gibt die Amerikanerin zu, dass es eine übermütige und unnötige Showeinlage gewesen sei. Eine Showeinlage, die sie um die olympische Goldmedaille gebracht hat. Denn obwohl sie bis 2020 fünfmal Weltmeisterin und sogar zehnfache Gewinnerin der legendären X-Games wird: Bei Olympia ist sie nie wieder auch nur in der Nähe der Goldmedaille. 2010 bei den Spielen in Vancouver wird sie Fünfte, 2014 in Sotschi stürzt sie – diesmal ohne Showeinlage – im Halbfinale. 2018 in Pyeongchang liegt sie lange vorn im Finale – und wird am Ende nur unglückliche Vierte. Und alle Experten bezweifeln, dass Jacobellis 2022 mit dann 36 Jahren noch um Gold mitfahren kann.

Und so wird die beste und erfolgreichste Snowboardcross-Fahrerin aller Zeiten wohl ohne Olympiasieg bleiben – wegen einer übermütigen Showeinlage kurz vor dem Ziel.

Quellen

Der Angeber, der eine Oscarpanne verursacht

[1]   http://variety.com/t/brian-cullinan/

[2]   http://www.bild.de/unterhaltung/kino/oscarverleihung/
      pechvogel-brian-cullinan-untergetaucht-50651052.bild.html

[3]   http://variety.com/2017/film/news/oscar-best-picture-gaffe-
      brian-cullinan-envelope-1201999283/

[4]   https://www.youtube.com/watch?v=8KeOxeuiZjs

[5]   https://www.youtube.com/watch?v=GbLuMpTn_o8

Die Frau, der ein Meteorit auf den Kopf fiel

[6]   http://news.nationalgeographic.com/news/2013/02/130220-
      russia-meteorite-ann-hodges-science-space-hit/

[7]   https://www.welt.de/wissenschaft/weltraum/article5376163/Der-
      erste-belegte-Unfall-mit-einem-Meteoriten.html

[8]   http://www.deutschlandfunk.de/der-meteorit-von-sylacauga.732.
      de.html?dram:article_id=106806

Die 68 Dollar zum Weltruhm

[9]   https://patentotheca.org/historical-patents/levi-s-patent/

[10] http://www.manilatimes.net/iconic-denim-brand-marks-144th-
      year/334068/

[11] http://justgoods.tumblr.com/post/30383267404/myth-38-levis-
      501-jeans-a-riveting-story-in

[12] http://levistrauss.com/unzipped-blog/2015/10/jacob-davis-6-
      things-you-probably-didnt-know-about-the-inventor-of-the-
      blue-jean/

Das verhinderte Olympiagold

[13]   http://www.spiegel.de/sport/sonst/marathon-attacke-irischer-prediger-auf-irrfahrt-a-315771.html

[14]   https://www.iaaf.org/news/news/vanderlei-de-lima-the-story-of-a-man-that-g

Der verpasste Millionen-Jackpot

[15]   http://www.bild.de/news/ausland/lotto/knapp-verpasst-39568826.bild.html

[16]   https://www.lottoland.co.uk/magazine/meet-joel-ifergan-who-missed-135-million-by-7s.html

[17]   http://time.com/3688040/canadian-lottery-quebec-joel-ifergan/

[18]   http://metro.co.uk/2015/01/29/man-misses-out-on-18m-lottery-win-after-buying-his-ticket-seven-seconds-too-late-5041936/

Der 65-Milliarden-Dollar-Irrtum

[19]   http://www.boerse-online.de/nachrichten/aktien/Apple-Aktie-Google-und-Co-Die-wertvollsten-Unternehmen-der-Welt-und-welche-davon-ins-Depot-gehoeren-1001645103

[20]   http://www.faz.net/aktuell/feuilleton/apple-ohne-ron-wayne-seine-angst-brachte-ihn-um-dreissig-milliarden-dollar-11558868.html

[21]   http://www.pcgameshardware.de/Retrospektive-Thema-214694/News/10Prozent-von-Apple-fuer-800-US-Dollar-und-Mare-Nostrum-bootet-PCGH-Retro-12-April-744687/

[22]   http://www.zeit.de/2011/44/P-Wayne

[23]   http://boerse.ard.de/boersenwissen/boersengeschichte-n/ronald-wayne-der-mitbegruender-von-apple100.html

[24]   http://www.bbc.com/news/technology-16170953

Der verhinderte Weltrekordler

[25]   Thomas Brussig: *Beste Absichten*, S. Fischer Verlag 2017

[26]   http://www.drehstosstechnik.de/home.html (Homepage von Rolf Oesterreich)

[27]   http://www.spiegel.de/einestages/sportlerschicksal-a-947427.
        html

Der unerkannte Eroberer des Südpols

[28]   https://www.brandeins.de/archiv/2010/irrationalitaet/helden-
        wie-wir/

[29]   *brand eins* Ausgabe 5/2010

[30]   http://www.bbc.co.uk/history/historic_figures/shackleton_
        ernest.shtml

[31]   https://www.geni.com/projects/100-Greatest-Britons-BBC-
        Poll-2002/15375

Der Euro-Verlierer

[32]   Andrea Fehringer; Gerald Reischl; Clemens Stadlbauer: *Die
        größten Pechvögel des Jahrhunderts*, Ueberreuther 1999

[33]   http://www.spiegel.de/wirtschaft/waehrungsumstellung-der-
        vergessene-vater-des-uro-a-175875.html

[34]   http://www.zeit.de/1999/14/199914.euro-mann_.xml

[35]   http://www.castello-arts.de/index.php?cat=c13_Arthur-Peter-
        Eisenmenger-Arthur-Peter-Eisenmenger.html

[36]   http://www.johanneum-lueneburg.de/expo/jonatur/schulent/
        eigenarb/euro/eisenmen.htm

[37]   https://www.theguardian.com/world/2001/dec/23/euro.eu1

Der »größte Idiot der Welt«

[38]   https://www.welt.de/sport/article151708138/Ich-bin-wohl-der-
        groesste-Idiot-der-Welt.html

[39]   http://www.stern.de/sport/cross-wm-in-belgien--adam-toupalik-
        jubelt-eine-runde-zu-frueh-6680972.html

Der betrogene Bundeskanzler

[40]   https://www.altersvorsorge-und-inflation.de/euro-rechner.
        php?dm_eur=DM_EUR

[41]   http://www.kas.de/wf/de/37.8022/

[42]   https://www.bundestag.de/dokumente/textarchiv/
2012/38507921_kw17_misstrauensvotum_brandt/208272

[43]   http://www.deutschlandfunk.de/zum-tode-von-rainer-
barzel.724.de.html?dram:article_id=98558

[44]   http://www.spiegel.de/spiegel/print/d-14320885.html

[45]   Markus Wolf: *Spionagechef im geheimen Krieg: Erinnerungen.*
List 1997

Der rausgemobbte Oasis-Gründer

[46]   http://www.shitesite.de/2013/05/04/durchgelesen-tony-
mccarroll-die-wahrheit-uber-"Oasis"/

[47]   Tony McCaroll: *Die Wahrheit über Oasis*, Iron Pages, 2011

[48]   https://www.musikexpress.de/"Oasis"-was-machen-die-
ehemaligen-bandmitglieder-heute-145678/

[49]   http://www.officialcharts.com/artist/3993%2F"Oasis"/

[50]   http://www.nme.com/photos/50-fastest-selling-albums-
ever-1415019#/photo/50

[51]   http://news.bbc.co.uk/2/hi/entertainment/288881.stm

[52]   http://www.boerse.de/langfristchart/Euro-Pfund/EU0009653088

[53]   https://www.theguardian.com/theobserver/1999/mar/07/
featuresreview.review

[54]   http://www.dailymail.co.uk/news/article-1250950/Brit-Pope-
Vatican-puts-"Oasis"-albums-time.html

Die fehlenden zwei Stunden

[55]   https://www.britannica.com/biography/Elisha-Gray

[56]   http://www2.oberlin.edu/external/EOG/OYTT-images/
ElishaGray.html

[57]   http://ethw.org/Sonar

[58]   http://www.deutschlandfunkkultur.de/graham-bell-kampf-ums-
patent-fuer-das-telefon.932.de.html?dram:article_id=347619

Das kubanische Olympiadrama

[59]   http://rio.sportschau.de/rio2016/geschichte/Das-Marathon-Drama-von-St-Louis,marathon1266.html

[60]   http://www.sportal.de/olympia-olympische-spiele-london-2012/bilder/diese-olympia-geschichten-haben-gold-verdient/felix-carbajal-wurde-vierter,14302,1

[61]   http://www.smithsonianmag.com/history/the-1904-olympic-marathon-may-have-been-the-strangest-ever-14910747/?no-ist

[62]   https://www.distilledhistory.com/tag/felix-carvajal/

Der zweifelhafte Glückspilz

[63]   http://www.bild.de/10um10/2014/10-um-10/zehn-um-zehn-menschen-mit-denen-wir-nicht-tauschen-wollen-37072998.bild.html

[64]   http://www.dailymail.co.uk/news/article-418251/Britains-luckiest-man-survives-16-calamities.html

[65]   http://metro.co.uk/2006/11/23/is-this-britains-unluckiest-man-394401/

Die unbekannte Erfindung

[66]   Fehringer, Reischl, Stadlbauer: *Die größten Pechvögel des Jahrhunderts*, Ueberreuther 1999

[67]   http://www.t-n-s.de/thwb/showtopic.php?threadid=1426

[68]   http://m.mainpost.de/regional/schweinfurt/Soziales-Leben-vor-Ort-mitgestaltet;art781,2703525

[69]   https://www.umweltbundesamt.de/sites/default/files/medien/publikation/long/2220.pdf

Der blamierte Bundesligaprofi

[70]   www.express.de/25741456

[71]   http://www.express.de/sport/fussball/1--fc-koeln/irre-trikot-panne--97-marcell-fensch--wie-das-schalke-spiel-mein-leben-veraenderte--25741456

[72]   http://www.fussballdaten.de/bundesliga/1998/10/fckoeln-schalke/

[73]   https://www.11freunde.de/artikel/25-dinge-ueber-trikots

Der Ingenieur, der nicht an seine Erfindung glaubt

[74]   Fehninger, Reischl, Stadlbauer: *Die größten Pechvögel des
         Jahrhunderts*, Ueberreuther 1999

[75]   https://books.google.de/books?id=6t51DAAAQBAJ&pg=PT137
         &lpg=PT137&dq=otto+kornei&source=bl&ots=ebwX3cob5G&s
         ig=HHVbVov7vhkGrbqrVOCndxmFGDM&hl=de&sa=X&ved=
         0ahUKEwjOtvXPi5_UAhUEDcAKHYRLBgkQ6AEIaDAO#v=o
         nepage&q=otto%20kornei&f=false

[76]   http://www.n-tv.de/technik/Der-Kopierer-wird-75-article
         11570496.html

[77]   David Owen: *Copies in Seconds. How a Lone Inventor and
         an Unknown Company Created the Biggest Communication
         Breakthrough Since Gutenberg--Chester Carlson and the Birth of
         Xerox*, Simon & Schuster 2005

[78]   Ederer, Schönberger: *Grenzgänger – Österreichische Pioniere
         zwischen Triumph und Tragik*, Brandstätter Verlag 2015

Der berühmteste Pechvogel der Musikgeschichte

[79]   http://www.faz.net/aktuell/gesellschaft/der-vergessene-beatle-
         pete-mach-schau-1968681-p3.html

[80]   https://www.youtube.com/watch?v=DRF--KTg5dQ

[81]   http://www.dailymail.co.uk/tvshowbiz/article-447201/Pete-Best-
         The-happiest-Beatle-all.html

[82]   https://www.youtube.com/watch?v=1H_SUTWs3qk

[83]   https://www.youtube.com/watch?v=DTFGXD00OLw

Der steinige Weg einer legendären Frau

[84]   http://www.tagesspiegel.de/wissen/lise-meitner-grosse-
         physikerin-spaete-ehrung/10170792.html

[85]   http://www.br.de/fernsehen/ard-alpha/sendungen/
         entdeckungen-grosser-forscher/meitner-lise-100.html

[86]   http://www.spektrum.de/magazin/lise-meitner-und-die-kernspaltung/824545

[87]   Pat Lauer: *Ganz schön dumm gelaufen*, Gondrom Verlag 2005

Der »König der Athleten«, der zum »Depp der Nation« wurde

[88]   http://www.nosports.com/zehnkampf/juergen-hingsen-ich-war-auf-strahlemann-gepolt/

[89]   http://www.spiegel.de/sport/sonst/juergen-hingsen-ich-wollte-gold-holen-a-92323.html

[90]   https://www.youtube.com/watch?v=RRckgh1rW_Q

Der Flugpionier ohne Fortune

[91]   BBC-TV-Serie, *Connections*, Folge 6: »Thunder in the skies«

[92]   https://books.google.de/books?id=6t51DAAAQBAJ&pg=PT137
&lpg=PT137&dq=otto+kornei&source=bl&ots=ebwX3cob5G&s
ig=HHVbVov7vhkGrbqrVOCndxmFGDM&hl=de&sa=X&ved=
0ahUKEwjOtvXPi5_UAhUEDcAKHYRLBgkQ6AEIaDAO#v=o
nepage&q=otto%20kornei&f=false

[93]   http://www.wienerwaldgymnasium.at/index.php/unterricht/
faecher/physik/477-wilhelm-kress-am-wienerwaldsee.html

[94]   http://www.wienerzeitung.at/themen_channel/wissen/
geschichte/528405_Der-gluecklose-Flugpionier.html?em_cnt_
page=2

[95]   https://books.google.de/books?id=Aw-zBgAAQBAJ&pg=PA3
65&lpg=PA365&dq=wilhelm+kress+motor&source=bl&ots=-
ImC972h1E&sig=cM5W-bV30drR690hNRMigzyhRZY&hl=de&
sa=X&ved=0ahUKEwjfg_X7gKDUAhUK2ywKHehHD904ChD
oAQgtMAE#v=onepage&q=wilhelm%20kress%20motor&f=false

[96]   http://www.wienerzeitung.at/nachrichten/oesterreich/
chronik/200468_Der-Pionier-vom-Wienerwaldsee.html?em_
cnt=200468

Das unsinkbare Titanic-Opfer

[97]   https://www.noz.de/archiv/vermischtes/artikel/69388/
krankenschwester-violet-jessop-uberlebte-die-schiffsunglucke-
der-titanic-olympic-und-britannic#gallery&0&0&69388

[98]   http://www.spiegel.de/einestages/titanic-ueberlebende-violet-
jessop-a-947536.html

[99]   Violet Jessop: *Titanic Survivor*, Sheridan House Inc. 1997

[100] http://www.telegraph.co.uk/men/thinking-man/the-day-the-
titanics-forgotten-sister-was-sunk/

Der unvollendete Fußballstar

[101] http://www.tagesspiegel.de/themen/nationalelf/debut-von-
marco-reus-mit-laaaaaangem-anlauf/4693444.html

[102] http://www.rp-online.de/sport/fussball/em/dfb/reus-ist-jetzt-
endlich-nationalspieler-aid-1.2317602

[103] http://www.dfb.de/die-mannschaft/news-detail/loew-streicht-
bellarabi-brandt-reus-und-rudy-147197/

[104] http://www.spiegel.de/sport/fussball/marco-reus-fehlt-borussia-
dortmund-vier-wochen-lang-a-990460.html

[105] http://www.sport1.de/fussball/dfb-team/2017/05/confed-cup-
marco-reus-sagt-jogi-loew-ab-timo-werner-ist-dabei

[106] http://www.focus.de/sport/fussball/dfbpokal/marco-reus-wieder-
schwer-verletzt-bericht-bvb-star-erleidet-kreuzband-teilriss_
id_7186270.html

[107] https://www.kicker.de/3070441/analyse/suedkorea/deutschland

Der überflüssige Rockstar

[108] https://www.metal-hammer.de/von-dave-evans-bis-brian-
johnson-alle-mitglieder-in-43-jahren-acdc-611075/

[109] https://www.metal-hammer.de/acdcs-unbekannter-saenger-
dave-evans-595922/

[110] https://books.google.de/books?id=NHdQAwAAQBAJ&pg=PT1
50&lpg=PT150&dq=dave+evans+acdc&source=bl&ots=7nhNQ
7qkiK&sig=qLxxbYXeMks57T8DxO_kA61djco&hl=de&sa=X&
ved=0ahUKEwiZguzn7ePUAhXKBBoKHTk6CPA4FBDoAQhm
MAk#v=onepage&q=dave%20evans%20acdc&f=false

[111]   Mick Wall: *AC/DC – Die Bandgeschichte*, Edel 2015

[112]   https://web.archive.org/web/20150213195313/http://www.abc.
net.au/longway/timeline/

[113]   http://www.blabbermouth.net/news/singer-dave-evans-why-i-
left-ac-dc/

Der entscheidende Augenblick

[114]   https://www.welt.de/sport/olympia/article157772411/Er-war-
der-groesste-Pechvogel-Olympias.html

[115]   https://www.youtube.com/watch?v=Awq6K9GlBkY

[116]   http://swim.de/aktuell/stimmen-medaillengewinner-66726

Der Blitzableiter von Virginia

[117]   http://www.sueddeutsche.de/wissen/vom-blitz-getroffen-greller-
schicksalsschlag-1.206052

[118]   http://www.spiegel.de/einestages/roy-sullivan-rekord-pechvogel-
acht-mal-vom-blitz-getroffen-a-951268.html

[119]   http://www.nytimes.com/1983/09/30/obituaries/roy-sullivan.html

[120]   http://www.spiegel.de/spiegel/print/d-52032651.html

[121]   https://news.google.com/newspapers?nid=1347&dat=19720502
&id=OScVAAAAIBAJ&sjid=afoDAAAAIBAJ&pg=7465,354926

[122]   John Friedman: *Out of the Blue*, Delacorte Press 2008

[123]   *Der Spiegel* 26/2007, »Lotterie der Vernichtung«

»Der, der immer verliert«

[124]   http://metro.co.uk/2017/02/27/sound-mixer-kevin-oconnell-
finally-wins-an-oscar-after-21-nominations-6475598/

[125]   http://www.hossli.com/articles/2007/02/20/im-the-guy-who-
always-loses/

[126]   http://www.nbcnews.com/news/us-news/oscars-2017-
hollywood-sound-man-kevin-o-connell-hopes-end-n723746

Der eigene Trainer verhindert Olympiagold

[127]   http://www.focus.de/sport/wintersport/eisschnelllauf-
        olympiasieger-kramer-plant-ohne-kemkers_aid_485636.html

[128]   https://www.youtube.com/watch?v=0CHaEd0yUkQ

[129]   http://www.spiegel.de/sport/wintersport/disqualifikation-fuer-
        gold-favorit-trainer-schickt-hollands-super-eisschnelllaeufer-in-
        die-falsche-spur-a-679913.html

Die verhinderte Hauptstadt

[130]   http://www.planet-wissen.de/kultur/nordrhein_westfalen/bonn/
        index.html

[131]   http://www.spiegel.de/einestages/hauptstadtfrage-1949-a-948163.
        html

[132]   https://www.hr.de/unternehmen/standorte/das-funkhaus-am-
        dornbusch-in-frankfurt,funkhaus-frankfurt-106.html

Wer wird kein Millionär?

[133]   http://www.bild.de/unterhaltung/tv/wer-wird-millionaer/
        kandidatin-scheitert-an-50-euro-frage-41368088.bild.html

[134]   http://www.focus.de/kultur/videos/wer-wird-millionaer-
        kandidatin-scheitert-bei-wwm-bei-50-euro_id_4753072.html

[135]   http://www.bild.de/unterhaltung/tv/wer-wird-millionaer/
        guenther-jauch-ueber-seine-gescheiterte-kandidatin-wenn-ich-
        jedem-helfe-ist-der-reiz-weg-41385516.bild.html

Olympia-Aus wegen eines Lichtschalters

[136]   https://www.noz.de/deutschland-welt/sport/artikel/758344/
        robert-harting-wollte-licht-mit-dem-fuss-ausmachen

[137]   https://www.facebook.com/DerHarting/

[138]   http://www.bild.de/sport/olympia/olympia-2016/so-lief-das-
        harting-drama-47291264.bild.html

[139]   http://www.sport1.de/leichtathletik/2016/02/leichtathletik-
        robert-harting-feiert-comeback-sieg-beim-hallen-istaf

Der Mann, der zu brav, zu gut und zu hässlich für die Rolling Stones war

[140]   http://www.udiscover-music.de/popkultur/zum-todestag-von-ian-stewart-dem-sechsten-rolling-stone-der-boogie-gott-im-poloshirt

[141]   Mick Jagger; Keith Richards; Charlie Watts; Ronnie Wood: *According to the Rolling Stones*, Chronicle Books 2003

[142]   http://www.telegraph.co.uk/culture/music/rockandpopfeatures/8433057/Sixth-Stone-gets-his-place-in-history.html

[143]   http://www.independent.co.uk/arts-entertainment/music/features/ian-stewart-the-sixth-rolling-stone-2236089.html

Der Mann, der eigentlich Terence Hill ist

[144]   https://www.swp.de/ulm/nachrichten/vermischtes/bud-spencer-und-terence-hill-noch-immer-freunde-11968848.html

[145]   de.terencehill.com/index.php?sel=budterence

[146]   http://www.imdb.com/name/nm0001352/bio

Sechs Richtige im Lotto – Pech gehabt?

[147]   https://chroniknet.de/extra/was-war-am/?ereignisdatum =18.6.1977

[148]   https://www.lottoland.com/magazin/erstaunliches-und-kurioses-aus-der-lottostatistik.html

[149]   http://www.focus.de/panorama/lotto/gluecksspiel-zum-schmunzeln-lotto-die-irrsten-ziehungen-die-kuriosesten-kombinationen_id_4029139.html

Wenn Daddy dir die Tour vermasselt ...

[150]   Jon Stebbins: *The Lost Beach Boy*, Virgin Books 2010

[151]   http://www.davidleemarks.com/bio

[152]   http://www.rollingstone.com/music/news/exclusive-q-a-original-beach-boy-david-marks-on-the-bands-anniversary-tour-20120316

Poupou – ein Name für ewiges Pech

[153]   Pat Lauer: *Ganz schön dumm gelaufen*, Gondrom Verlag 2005

[154]   Poulidor, Raymond: »J'appartiens à la légende«, *L'Équipe*, Frankreich, 12. Juli 1999

[155]   »Le Tour m'a tout donné«, *L'Équipe*, Frankreich, 13. Juli 2004

[156]   http://www1.wdr.de/stichtag2712.html

[157]   http://www.eurosport.de/radsport/tour-legende-raymond-poulidor-wird-80_sto5436763/story.shtml

Der Mann, der zwei Atomangriffe überlebt

[158]   https://www.welt.de/politik/article3450439/Der-Mann-der-zwei-Atombombenangriffe-ueberlebte.html

[159]   https://www.theguardian.com/world/2009/mar/25/hiroshima-nagasaki-survivor-japan

[160]   http://www.spiegel.de/einestages/hiroshima-atombombe-pilot-paul-tibbets-spielte-angriff-nach-a-1045800.html

[161]   *Hiroshima and Nagasaki – The Physical, Medical and Social Effects of the Atomic Bombings*, Tokio 1981

Drei Rennen, drei Siege und doch kein Olympiagold

[162]   http://www.sports-reference.com/olympics/athletes/fa/thomas-fahrner-1.html

[163]   https://www.munzinger.de/search/portrait/Thomas+Fahrner/1/865.html

[164]   http://www.spiegel.de/spiegel/print/d-13507816.html

[165]   *Der Spiegel* 32/84, »Wer nicht da ist, kann nicht gewinnen«

[166]   https://www.welt.de/sport/article13598114/Nur-im-Kreis-fahren-wie-Schumi-das-ist-traurig.html

Der Schlagzeuger, der nicht an die Zukunft seiner Band glaubt

[167]   https://www.theguardian.com/news/2005/aug/15/guardianobituaries.artsobituaries

[168]   http://www.telegraph.co.uk/news/obituaries/1496340/Carlo-Little.html

[169]   http://www.carlolittle.com/

[170]   http://www.cyrildavies.com/Carlo.html

[171]   Fehninger, Reischl, Stadlbauer: *Die größten Pechvögel des Jahrhunderts*, Ueberreuther 1999

Die Frau, die fünfmal ihr Haus verlor

[172]   https://www.theguardian.com/world/shortcuts/2012/aug/31/melanie-martinez-americas-unluckiest-woman

[173]   http://www.dailymail.co.uk/news/article-2199302/The-unluckiest-woman-America-Louisiana-resident-loses-FIFTH-home-hurricanes.html

[174]   https://books.google.de/books?id=hxAyDQAAQBAJ&pg=PA33&lpg=PA33&dq=melanie+martinez+hurrikan&source=bl&ots=wtjj-mcezY&sig=-fR2mmF9t90V5qW9hJFNqs6Tm5s&hl=de&sa=X&ved=0ahUKEwiQhM64rO_UAhVBZVAKHTfkBj0Q6AEIdTAM#v=onepage&q=melanie%20martinez%20hurrikan&f=false

Der Lottogewinner für nur 180 Minuten

[175]   https://www.ffh.de/on-air/die-ffh-morningshow/themen/toController/Topic/toAction/show/toId/105519/toTopic/zu-frueh-gefreut-die-groessten-pannen.html

[176]   http://www.bild.de/video/clip/lotto/lotto-panne-zdf-29858162.bild.html

[177]   http://www.tagesspiegel.de/weltspiegel/jackpot-nicht-geknackt-nach-lotto-panne-die-wichtigsten-fragen-und-antworten/8019114.html

Die meisten Stimmen und doch keine US-Präsidentschaft

[178]   http://www.faz.net/aktuell/politik/ausland/hillary-clinton-gibt-erstes-interview-nach-niederlage-14961691.html

[179]   http://www.faz.net/aktuell/politik/trumps-praesidentschaft/hillary-clinton-agiert-von-ganz-unten-gegen-donald-trump-15001043.html

Das Stoppuhrenchaos

[180]   http://www.usms.org/articles/articledisplay.php?aid=1429

[181]   David Maraniss: *The Olympics That Changed the World*, Rome 1960

[182]   https://books.google.de/books?id=34Ye0xEedvYC&pg=PA126 &dq=lance+larson&hl=de&sa=X&ved=0ahUKEwjmgcKA66P UAhWCkywKHZ7qBdoQ6AEIYjAI#v=onepage&q=lance%20 larson&f=false

[183]   https://www.youtube.com/watch?v=tVBL5UzTACo

[184]   Cait Murphy: *A History of American Sports in 100 Objects*, Basic Books 2016

[185]   https://books.google.de/books?id=7WA4DgAAQBAJ&pg= PT362&lpg=PT362&dq=henry+runstr%C3%B6mmer&sou rce=bl&ots=w9Rmgv9s2n&sig=wpjSF28YkyFOrZNRMa8h CmYfSpg&hl=de&sa=X&ved=0ahUKEwi4vv-O_qPUAhU DrRQKHaZ3CbwQ6AEIKTAA#v=onepage&q=henry%20 runstr%C3%B6mmer&f=false

Die Brüder McDonald riechen den Braten nicht

[186]   http://www.wiley.com/legacy/products/subject/business/forbes/ kroc.html

[187]   http://news.bbc.co.uk/2/hi/americas/132882.stm

[188]   http://www.n-tv.de/wirtschaft/Der-Mann-der-McDonald-s-gross-machte-article19783691.html

[189]   https://www.merkur.de/wirtschaft/entstehung-mcdonalds-zwei-brueder-fast-food-erfanden-zr-4907815.html

Von der Bühne an die Front

[190]   http://www.thedailybeast.com/he-left-nirvana-because-he-had-cooler-things-to-do-like-going-to-iraq

[191]   http://www.nytimes.com/2013/07/02/magazine/evermans-war.html?pagewanted=all&_r=0

[192]   http://www.allmusic.com/artist/jason-everman-mn0001217832/ biography

[193]   Michael Azerrad: *Come As You Are*, Verlagsgruppe Koch GmbH/
        Hannibal 1994

Das Missgeschick bei der weltgrößten Misswahl

[194]   http://www.mittelbayerische.de/panorama-nachrichten/zwei-
        minuten-ruhm-panne-bei-misswahl-21934-art1321760.html

[195]   http://www.bild.de/unterhaltung/leute/miss-universe/haessliche-
        panne-bei-wahl-in-las-vegas-43881018.bild.html

Die »Fidget-Spinner«-Erfinderin, die leer ausgeht

[196]   http://nypost.com/2017/05/05/woman-who-invented-fidget-
        spinners-isnt-getting-squat/

[197]   https://www.kickstarter.com/projects/638415231/classic-fidget-
        spinner-spinning-de-stressor-finger#

[198]   https://www.theguardian.com/lifeandstyle/2017/may/03/fidget-
        spinner-inventor-patent-catherine-hettinger

[199]   http://www.bild.de/geld/mein-geld/spielzeug/fidget-spinners-
        erfinderin-52170954.bild.html

[200]   http://www.abendzeitung-muenchen.de/inhalt.az-ratgeber-
        fidget-spinner-fidget-cube-alles-zum-spiel-hype-aus-dem-
        netz.394a2efb-cc2a-4932-9b4d-38b6e06a576b.html

[201]   http://www.focus.de/finanzen/videos/weltweiter-hype-um-
        fidget-spinner-warum-erfinderin-catherine-hettinger-leer-
        ausgeht_id_7248960.html

Der Mann, der eigentlich »Marty McFly« ist

[202]   http://www.insidekino.com/DJahr/D1985.htm

[203]   http://www.filmstarts.de/nachrichten/18494419.html

[204]   https://www.tribute.ca/people/eric-stoltz/5109/

[205]   http://www.nytimes.com/1992/12/22/obituaries/stella-adler-91-
        an-actress-and-teacher-of-the-method.html

[206]   Caseen Gaines: *We Don't Need Roads: The Making Of The Back
        To The Future Trilogy*, Plume Verlag 2015

Der verhängnisvolle Satz eines Reporters

[207]   https://www.welt.de/sport/fussball/article112402737/Es-ist-zu-
Ende-in-Hamburg-Schalke-ist-Meister.html

[208]   Dokumentation, *04 Minuten im Mai – 04 Jahre danach*, Creation
Club/Premiere 2005

[209]   http://www.spox.com/de/sport/fussball/international/1407/
Artikel/andreas-mueller-interview-rudi-assauer-schalke-04-
mirko-slomka-tsg-hoffenheim-rapid-wien-oesterreich.html

[210]   http://www.focus.de/sport/fussball/bundesliga1/zehn-jahre-
nach-freistoss-pfiff-fuer-die-bayern-markus-merk-wagt-die-
rueckkehr-nach-schalke_aid_674633.html

Der Mondmann, der den Mond nie betreten hat

[211]   https://www.nasa.gov/centers/armstrong/about/biographies/
pilots/fred-haise.html

[212]   https://www.britannica.com/biography/Fred-Haise

[213]   https://pamplinmedia.com/component/content/article?id=25782

[214]   http://www.astronautix.com/h/haise.html

[215]   http://spacefacts.de/bios/astronauts/german/haise_fred.htm

[216]   https://www.nasa.gov/centers/stennis/news/press-release/2020/
Fred-Haise-Native-Son-Turned-Enduring-Hero/

Der Kartoffelchips-Erfinder: viel Ärger, kein Ruhm, kein Geld

[217]   https://www1.wdr.de/mediathek/audio/zeitzeichen/audio-
erfindung-der-kartoffelchips-am--102.html

[218]   https://www.saratoga.com/aboutsaratoga/history/saratoga-chips/

[219]   http://originalsaratogachips.com/our-story/

[220]   https://www1.wdr.de/stichtag/stichtag3424.html

[221]   https://www.watson.ch/leben/food/198022739-george-crum-
erfand-im-19-jahrhundert-die-kartoffelchips

Wenn dich das Panini-Album zur WM schickt – dein Trainer aber nicht

[222]   https://eu-football.info/_player.php?id=24989

[223]   https://www.fussballdaten.de/person/christoffer-andersson/

[224]   https://eu-football.info/_player.php?id=24989

[225]   http://www.klebebildchen-forum.de/viewtopic.php?f=92&t =288&view=next#p5610

[226]   *11 Freunde,* Sonderheft Fußball-WM 2014

Die ewige Nummer zwei

[227]   https://www.offiziellecharts.de/charts/single-jahr/for-date-1993

[228]   https://www.chartsurfer.de/musik/single-charts-deutschland/nr-1-hits/1993.html

[229]   https://www.chartsurfer.de/artist/haddaway/songs-hhuh.html

Der nie gefundene Lottomillionär

[230]   https://www.stuttgarter-nachrichten.de/inhalt.lotto-gewinn-der-kreis-sigmaringen-sucht-den-millionaer.512db6b7-c4bd-47b3-947f-8904e4b37098.html

[231]   https://www.stuttgarter-zeitung.de/inhalt.lotto-gewinn-der-kreis-sigmaringen-sucht-den-millionaer.9381f880-5dda-4365-85a1-c96a8ea05b4c.html

[232]   https://www.presseportal.de/pm/110923/2742147

Hochmut kommt vor dem Fall – eine Showeinlage verhindert Olympiagold

[233]   https://www.cbssports.com/olympics/news/snowboarder-lindsey-jacobellis-falls-short-again-at-winter-olympics-finishes-fourth/

[234]   https://www.washingtonpost.com/wp-dyn/content/article/2006/02/17/AR2006021701471.html